강수찬 수필집

낮은 곳에 물 고이듯

돌판 경남

작가의 말

아무래도 좀 미안합니다.

설익은 과일을 한 소쿠리 담아놓은 심정입니다.

낮은 곳에 물 고이듯 비워야 채워진다기에 그동안 발표한 글들을 모아 첫 작품집 출간 후 일곱 해가 지나서야 엮게 되었습니다. 아는 것만큼 보인다고 걷거나 여행을 하며 발품을 팔아서 얻은 글입니다. 좋은 소재가 있어도 글감으로 만드는 안목이 부족합니다. 어휘도 모자라서 표현이 어색하고 겹쳐지는 문장이 있습니다.

앞선 분들은 작품 하나를 창작하는데 많은 고뇌를 하게 된다고 합니다. 너무 쉽게 문학에 접근하는 자신이 부끄러울 때도 있지만, 가끔 용기를 북돋아 주는 이가 있기에 힘을 얻습니다.

신변잡기는 면해 보려고 노력하고 있습니다. 지나온 삶을 거울삼아 수필문학에 관심을 갖고 생활하는 일상이 고마울 뿐입니다.

관심이 있어야 기억이 생긴다고 합니다. 자기 성찰이 못 미친 추억을 불러온 것은 아닌지, 과거의 타성에서 벗어나지 못한 글은 아닌지 못내 조심스럽습니다.

그동안 책이 나오기까지 애써 주신 모든 분들께 깊은 감사를 드립니다.

2011년 초여름
강수찬

■ 차례

작가의 말 • 2

제1부 광석골 연가

긍정의 숫자, 9 • 8   광석골 연가 • 12   산책 가는 길 • 17
테메운 장독 • 22   맛깔스런 이름 • 26
등대 없는 등대지기 • 31   둘레길과 드림로드 • 36
누각의 주인 • 40   그때 그 시절의 마산 • 44
전등에 비친 전기인의 꿈 • 51

제2부 멀고 긴 여행

들쭉차는 향기가 없다 • 58   멀고 긴 여행 • 63
맨발의 여행 • 68   향수 여행 • 73   따뜻한 남쪽나라 • 79
캐나다, 그 필연의 선택 • 84   공짜가 없는 여행길 • 89
북쪽으로 가는 길 • 94

제3부 8월에 핀 아카시아 꽃

네 살배기와 같이 걷는 길 • 100
8월에 핀 아카시아 꽃 • 104　꽃과 새참 • 109
행복했던 순간 • 114　철을 잊은 목련 • 119
스승과 함께 걷는 길 • 124　대추나무 도장 • 128
떡값 • 133　바보 엄마 • 138　돌담회 단상 • 143

제4부 문학의 房

바다가 육지라면 • 148　빈집 • 153　문학의 房 • 158
문학도 관계다 • 163　《계간 진해》와의 만남 • 166
어느 木요일 • 170　진수무향 • 175　진해와 꽃 • 179
예순 단상 • 184　꽃밭에서 • 189　은행잎 선물 • 193
봉침 • 197

제5부 열무꽃 기행

열무꽃 기행 • 202   추봉도의 추억 • 207
청룡사 오는 길 • 212   첫눈 나들이 • 217   청도 기행 • 221
움직이는 섬 • 226   소나기 산행 • 231   선상 수업 • 236
생태 숲 마라톤 • 240

해설 발로 쓴 수필
　　―강수찬 수필집 《낮은 곳에 물 고이듯》론   **하길남** • 246

제1부

광석골 연가

긍정의 숫자, 9

 숫자의 의미는 사람마다 받아들이는 느낌이나 해석에 따라 다르다. 아홉이라는 숫자는 금방이라도 가득 채워질 것만 같지만 부족한 하나 때문에 언제나 미완이다. 하지만 아홉만큼 희망적인 숫자는 없다. 하나에서 시작하여 차근차근 쌓아 온 보람과 함께 금방 열을 채울 수 있다는 희망은 얼마나 근사한가.
 병술년 개띠 해를 맞이하는 설날 아침이다. 차례를 지내고 일곱 종형제와 그 2세들이 강아지처럼 오순도순 스무 명이 넘게 모여 세배를 한다. 덕담을 나누는 와중에 마냥 어리다고만 생각한 조카 녀석이 자못 심각한 표정을 지으면서 한마디 건낸다.

"내년에는 나이가 스물아홉입니다. 그러니 현재 사귀고 있는 아가씨와 올해는 꼭 결혼을 해야겠습니다."

젊은 날, 세월이 빨리 지나가지 않는 것이 안타까워 한 살이라도 더 먹었으면 하고 기다려지는 때도 있었다. 동년배끼리 만나서 별로 내세울 게 없을 때에는 40년대의 끝자락에 태어난 것을 자랑삼아 대화의 끈을 이어 가며 우쭐하기도 하였다.

그러고 보니 아홉이란 숫자는 내겐 좀 특별하게 다가온다. 우연인지는 모르지만 사업을 시작하면서 관할세무서에 신고한 사업자등록일이 1979년이다. 9라는 숫자를 평생 동안 사업에 필요한 제반문서에 기재하면서 살아온 셈이다. 최근에는 카드의 비밀번호나 ID넘버를 사용할 경우에도 기억하기에 쉬운 9라는 숫자를 적당히 배열하기도 한다.

내게 있어 9라는 숫자는 열을 희망하는 긍정의 힘이었다. 그런 인연인지는 모르지만 세상에 태어난 지 50년, 사업을 시작한 지 20년 만에 마음속에 그리던 사업장으로 필요한 둥지를 하나 마련하였다. 준공을 하는 날 기념으로 받은 대형거울이 계단을 오르는 현관 벽면에 붙어 있다. 언제라도 바라볼 수 있는 거울에는 준공일이 1999년이라고 새겨져 있기에 더욱 보람을 느낀다.

요즈음에는 건설 공사의 입찰을 전산으로 처리하지만 입찰 장소에서 서로의 표정을 읽으면서 최저가를 기재할 때도 있었다. 공사비를 굵은 마디의 단위로 표기하기보다는 상대방보다 천 원이라도 적게 끝 단위를 구천 원으로 기재하기도 한다. 적은 돈의 차이로 포장하여 누구보다도 싸게 할 수 있다는 입찰의 심리를 교묘하게 이용한다. 한 단계 낮은 9라는 숫자의 단위로 투찰하여 발표시간까지 초조하게 기다릴 때도 많았다.

신문이나 인터넷몰에도 상품 광고를 보면 일십만 원대라면서 일십구만구천 원으로 수요자를 유혹한다. 조카가 전제로 한 나이 아홉수를 반추해본다. 스물아홉 즈음에는 신혼의 단꿈으로 업무에 지장이 있을 정도로 잠이 모자랐던 기억뿐이다. 아홉수의 고비를 생각할 수 있는 겨를도 없었다. 정신없이 바쁘게 지내온 세월의 퍼즐을 다시 끼워 맞추기도 어려운 일이다.

고대의 성인聖人들은 우주가 9층으로 이루어져 있다고 생각하였다. 천부경은 가로 아홉 글자×세로 아홉 글자로 기록되었으며 황룡사의 목조 9층 석탑을 비롯하여 대부분의 절 탑은 9층으로 이루어져 있다. 이웃 나라 중국에서는 9자가 풍요와 부를 상징한다고 '9'라는 숫자를 조각으로 만들어 탑을 쌓아

가까이 보면서 즐긴다. 구중궁궐은 또 얼마나 완전한 곳인가.

　술잔도 가득 채우면 넘칠까봐 염려가 된다. 잔의 9할 정도가 적당하다. 요즘 모임이나 회식 자리에 건배의 구호가 재미있다. '9988234' 99세까지 '팔팔'하게 살고 '이틀'만 앓다가 '사흘'째 되는 날 죽는(死) 것이 행복한 인생이란다. 앞만 보고 달려오다 보니 지난날을 되돌아볼 겨를도 없었다. 이제 겨우 나이가 들어 세월의 흐름을 느낄 수 있는 것 같다. 내년이면 나도 오십아홉 살이 된다. 나에게도 풍요와 영예의 차례가 돌아올는지 기다려볼 수밖에….

광석골 연가

 진해의 천자봉에서 20m쯤 북쪽의 등줄기에는 '장기바위'가 있다. 지금 장천동 뒷산에 있는 광석암廣石岩 골짜기를 옛날부터 광석골이라 불렀는데, 이곳에 배생원이라는 이가 살고 있었다. 그는 날마다 땔나무를 팔아 생계를 유지했다. 어느 날, 천자봉에 올라가 나무를 하고 있으니 바위 위에 백발노인 두 사람이 장기를 두고 있는 것이 보였다. 배생원은 그도 장기에 취미가 있는지라 나무하던 도끼를 세워 자루를 지팡이로 삼아 서서 장기 두는 모습을 구경하였다. 그동안 시간이 얼마나 흘렀는지 모르나 어느 순간 장기를 두던 두 노인이 구름을 타고 하늘로 올라가는 것이 아닌가. 어이없이 사라져

가는 두 노인을 바라보고 있다가 집으로 돌아오려고 짚고 있던 도끼 자루를 드니 자루가 썩어 있었다. 이 전설에서 '신선놀음에 도끼자루 썩는 줄 모른다'는 말이 유래되었다고 한다.

신선이 놀다 간 광석골에다 둥지를 튼 지가 어언 10년이 되었다. 사업장의 3층에서 내려다보면 주위가 훤히 뚫린 한가로운 어촌 풍경이었다. 앞문을 열면 진해만의 장천부두는 잔잔한 호수와 같이 평화롭다. 뒤창 너머의 천자봉과 수리봉이 병풍처럼 우뚝 서 있는 암벽을 바라보면 산수화 속의 절경이다. 이웃의 남새밭에는 허름한 원두막이 있고 나지막한 주택에서는 하얀 연기가 피어올랐다.

장천동은 한때 개발시대의 부산물인 환경공해로 몸살을 앓았다. 공업지역으로 조성되어 비료공장에서 나오는 유독가스 때문에 주변의 농토에는 작물이 제대로 자라지 않았다. 공장이 사라진 공간에는 고층아파트를 짓고 4차선 신작로가 생겨났다. 자연은 예나 지금이나 그냥 그대로다. 사람들의 욕구에 따라 양지가 음지로 변했다가 또 다른 양지로 광석골은 순환하고 있다.

세월 따라 광석골의 환경이 변하듯이 내가 앉은 둥지도 변화가 있었다. 지난날에는 한가로운 마을의 한복판에서 중량물을 옮기는 크레인 소리로 이웃에 늘 미안한 마음이었다. 계속해서 같은 사업을 할 수 없어 이제는 넓은 마당과 시설물을 임대하고 있다. 자동차와 관계되는 세 종류의 사업체가 들어왔다. 삼사십 대의 주인들은 젊은 날 내가 그랬듯이 월임대료가 늘 부담스럽다고 한다. 어쩌면 임차인은 무노동으로 임금을 받는 심정이다.

삭막한 사업장의 분위기를 다소 완화하려고 화단에 심은 나무들이 세월만큼 자라서 이제 작은 숲을 이루고 있다. 향나무, 아기단풍보다는 벚나무 가지와 잎이 더 무성하다. 한여름에 우거진 나뭇잎 사이로 들락거린 새들이 둥지를 틀어 놓았다. 계절 따라 헐벗은 가지에서 둥지가 몸체를 드러내니 뼈 있는 농담이 던져진다.

"저놈의 종달새는 임대료도 안 내고 몇 개월 살았네예."

광석골은 새들의 천국이다. 드림로드로 향하는 길은 새로 조성한 광석골 생태공원 쉼터를 지난다. 초입에 있는 연못가에 들어서면 '까악- 까악' 까마귀의 탁한 울음소리가 간간이 들려온다. 소리의 주파수는 낮을수록 더 멀리 전파되어 울림도 크다. 수리봉 아래에 늙은 벚나무 사이로 잘 조성된 광석골 생태공원에는 까마귀와 까치들이 하늘을 덮고 있었다.

까마귀는 높게 날려고 하는 상류계급과 같은 습성이 있다. 덩치가 큰 만큼 먹이도 많이 먹어야 하기 때문에 보는 시야도 넓어야 한다. 까마귀 떼가 앉았던 자리에는 바닥이 하얗도록 배설물을 쏟아낸다. 중산층에 속하는 까치는 까마귀보다는 낮은 상공을 무리 지어 날아다닌다. 간간이 그들만의 표현으로 지저귀는 낮은 소리는 가까이 가야만 들을 수 있다. 까치는 간간이 사고도 낸다. 둥지를 틀기 위해 마을에 내려와 강한바람에도 흔들리지 않는 곳을 물색한다. 전봇대를 안전한 곳으로 착각하고 까치집을 짓다가 정전사고를 낸다. 더 좋고 안전한 보금자리를 가지고 싶은 욕망이 무리수를 택한 탓에 나락에 빠지기도 한다.

참새들은 언제나 떼를 지어 날아다닌다. 탱자나무 울타리나 대숲 사이로 몸을 숨기면서 한없이 조잘거린다. 확성기라도 없으면 어디에 있는지 알 수 없을 정도로 작은 몸집에서는 메아리가 없다. 참새는 자리를 이동할 때도 다 함께 움직인다. 골짜기 사이로 흐르는 개울에서는 하얀 왜가리 한 마리가 어디서 짝을 잃고 날아왔는지 참새들의 무리와 대조가 되어 더 외로워 보인다.

하산길의 마을 어귀에 파지를 쌓아둔 난간이 있다. 쇠파이프 위에 비둘기 한 쌍이 앉아 있다. 한낮인데도 남의 시선은 아랑곳하지 않고 머리를 부비면서 깊은 사랑에 빠졌다가 아무 일도 없었다는 듯 창공을 날아갔다. 그 파지는 가까운 노인정에서 부지런한 분들이 매달 팔아서 공동 경비로 활용하고 있다. 70대 노인들이 함께 어울리는 공간에서 〈세상은 요지경〉이라는 흥겨운 노랫가락이 흘러나온다.

"잘난 사람 잘난 대로 살고 못난 사람은 못난 대로 산~다…."

산책 가는 길

 막내인 아들이 군대에 갔다. 아들은 늦둥이로 가까운 지인들 사이엔 늘 화제의 대상이었다. 애비와는 세 사이클을 건너뛴 띠동갑이다. 친구들 모임에서는 진학 시기만 되면 "벌써! 그렇게 자랐느냐?"라면서 세월의 흐름을 느끼는 듯이 말하곤 했다.

 터울이 멀어 아들 농사는 늦었지만 가족의 구성원으로 위로 딸이 둘 있다. 아들은 대학을 한 학년 마치고 해군에 자원입대하였다. 군 복무를 끝내고 복학하는 시기에 맞추다 보니 지원자가 제법 많았다. 요즈음 젊은이들은 군대에 가는 것도 경쟁이 심한가 보다. 철부지가 군인이 되었다는 애비의 뿌듯한 생각과는 달리 아내의 눈물샘에는 물기가 자주 돋는다.

식사 때가 되면 배불리 먹는지, 날씨가 추우면 밖에서 떨며 얼마나 고생을 하는지 걱정의 연속이다. 난 차라리 아들 녀석과 비슷한 날씨의 추위 속에서 몸이라도 단련하기로 다짐하였다. 내가 걷는 길은 산행山行이라기 보단 산책散策이라는 말이 맞을 성싶다. 옛날 우리 소싯적의 소풍은 원족遠足이라 하지 않았던가. 하지만 원족은 어딘지 먼 곳을 향해 가는 빠른 걸음을 연상케 한다. 이에 비해 산책은 주변경관을 즐기면서 이런저런 생각에 잠기기도 하는 여유를 떠올리게 한다. 새해 들어 별일이 없는 한, 회사에서 가까운 산이나 해안길을 날마다 걷기로 하였다.

천자봉을 오르는 등산길은 시간적으론 짧지만 가파르다. 산불예방을 위해 조성된 임도林道를 걷는 코스는 예전에도 여러 번 걸었다. 해안을 따라 난 길을 차를 타고 무의식적으로 빠르게 지나치는 일은 더러 있었다. 혼자 걸으며 시원한 겨울 바다의 갯냄새를 맛보기는 처음이다. 나의 둥지가 위치한 '장천'이란 마을도 옛날에는 반달 모양의 자그마한 포구였다. 지금은 부두시설을 갖추어 대형 화물선이 정박하여 원목이나 바나나를 운반하는 차들이 바쁘게 움직인다. 장천부두를 지나 군사용 철로와 찻길, 바다낚시를 위해 설치한 안벽 아래 펼쳐진 시퍼런 바닷물을 만나는 순간, 과연 살아서 움직일 수 있는 것만으로도 고맙게 생각된다.

행암 포구는 전형적인 도시 속 어촌마을이다. 잘 정돈된 마을은 한 폭의 풍경화가 담긴 안정된 구도의 액자를 보는 느낌이다. 양지바른 벽면에 기대앉은 여인의 손이 바쁘게 움직인다. 가까이 가보니 재래식 어구에 살아 움직이는 갯가재를 수백 마리나 나일론 끈으로 묶고 있다. 통발이 아닌 낙지를 주낙으로 잡기 위해 물 위에 띄워 놓는다. 낙지들이 먹이를 찾아서 움직일 수 있는 적당한 수온이 되어야만 수고의 대가를 조금이나마 건질 수 있다.

오랜만에 숨이 찰 정도의 오르막길을 만나게 된다. 수치로 가는 길은 자동차 안에서는 잘 느낄 수 없지만 앞바람을 안고 가는 고갯길이다. 합계 쪽으로 빠지면 한적한 오솔길을 따라 산책의 여유를 어느 정도 맛볼 수 있다. 확 트인 다도해의 푸른 바다를 한눈에 넣으며 한숨 돌리는 동안 자연의 섭리를 인간의 삶과 견주어 본다. 황토 빛 토양에 멀리 나지막한 산으로 둘러져 해풍도 없는 따사한 양지다. 나무들의 세상도 고목과 묘목들이 잘 어우러져 정겨움을 연출한다. 자연의 바람막이로 따뜻하게 잘 자라는 벚나무 가지들은 엄동설한에도 물이 올라 봄을 기다린다. 은근히 노출하고 싶은 통실통실한 젊은 여인의 장딴지를 연상케 한다. 평지지만 길모퉁이를 돌면 모진 바닷바람이 몰아치는 터널 속을 지나가는 기분이다.

진종일 햇볕이라곤 구경도 할 수 없는 언덕배기 길가에도 나무들은 자란다. 떨어진 낙엽을 이불삼아 겹겹이 아랫도리를 덮었지만 추워서 웅크리고 있는 모습이 초라하다. 도로 확장처럼 로또 당첨이 없는 한 영원히 가난의 굴레에서 벗어나지 못할 것만 같다. 부자와 빈자의 세상을 연상하면서 짧은 오솔길을 지나고 나면 '합계'라는 포구를 언덕에서 내려다보게 된다.

거울처럼 잔잔한 바닷물에 퍼붓는 햇볕으로 눈이 따갑다. 멀리 점점이 떠 있는 작은 섬들과 어우러져 바라만 보아도 희망이 가득 찬 느낌이다. 예전에는 바닷가에 멸치 어장 막이 있었다. 정리가 덜 된 건물과 시커먼 작업선들이 눈에 거슬렸다. 이제는 모두 철거되어 그 잔해들만이 역광으로 비친다. 어느새 출렁이는 물그림자와 함께 화폭에 담고 싶다.

오르막과 내리막, 양지와 응달, 조화를 이루며 어울려 사는 자연의 모습. 자연이 가르쳐 준 생존의 지혜를 배우며 돌아오는 길, 배가 약간 출출하다. 낚시를 즐기는 태공들이 주 고객인 붕어빵을 굽는 장사가 있다. 금방 구워서 김이 모락모락 나니 먹음직스럽다.

요즈음은 붕어빵의 진미인 팥도 한 군데서 조달한다니 그야말로 개성 없는 진짜 붕어빵이다. 어린 시절 한참 배가 고플 때 먹었던 그 다디단 맛을 느낄 수 없다. 천 원에 네 개를 사서 두 개만 먹고 나머지는 다음 날 와서 먹기로 하였다. 작지만 내일을 위해 무엇인가를 맡겨 놓았다는 물질적인 여유를 맛본다. 두 시간 남짓한 산책길에서 인생의 파노라마를 들여다 본 듯 짜릿하다. 내일 다시 그 길을 갈 것이다. 자연은 한 번도 같지 않으므로 내일은 또 새로우리라. 문득 천상병 시인의 시 〈귀천〉 한 소절이 생각난다.

    나 하늘로 돌아가리라
    아름다운 이 세상 소풍 끝내는 날
    가서, 아름다웠더라고 말하리라

테메운 장독

 늘 다니는 병원에 주차시설이 없어 가까이 있는 주유소 공간을 활용한다. 예전에 살았던 동네라 눈치껏 주유소 내부의 적당한 공간에다 주차를 하는 것이다. 한 달에 두어 번 정도는 공짜로 주차를 하는 셈인데도 안면이 있어 별 부담 없다는 듯이 반갑게 인사를 한다.
 "아푸지 마이소."
 겉모습은 검게 그을린 얼굴에 농촌의 큰 머슴같이 무덤덤한 표정이지만 다정스런 말 한마디가 나에겐 감동으로 와 닿는다. 이 병원에 매달 검진하고 약을 타러 다니게 된 것이 10년이나 되었다. 사업을 핑계로 모임이나 손님 접대를 한답시고 거의 하루도 거르지 않고 술을 즐겨 마신 죗값이다. 천성적으로 목소리가 크고 걸출한 입담으로 좌중의 분위기도 파악 못한 채 부산하게 저녁시간을 보낸 지나간 세월이 조금은 부끄럽다. 간을 혹사시킨 셈이다. 만취한 다음날에도 새벽같이 일어나 배드민턴을 즐기면서 땀 흘리면 새롭게 태어나는 기분이었다.

 이렇듯 충분한 휴식을 하지 못한 채 과격한 운동을 계속하여 간을 더 고생시키게 되었다. 그러던 어느 날 조금 어지러운 증세가 있어 주치의를 찾았다. 진단 결과 술을 더 이상 계속 마시면 간 질환이 악화되어 죽음에 이를 수도 있다는 사형선고가 내려졌다.

 어둠살이 내리면 거의 하루도 빠짐없이 눈동자가 희붐하도록 습관적으로 마시던 술과의 인연을 끊게 되었다. 병은 자랑을 하라고 하였다. 모임이나 평소 자주 만나던 벗들과도 구구한 사연을 공개하며 술심으로 까불었던 모든 행위를 접어야만 했다. 규칙적인 생활을 위해 취침시간, 식사시간도 가능한 제대로 지켰다. 스트레스를 받으면 안 된다는 핑계로 사업과 관련하여 신경을 쓰기보다는 더 즐겁고 편안한 마음으로 생활하였다.

 환절기 기후변화가 많을 때나 잠을 제대로 못 자는 날이면 인체의 리듬이 흔들린다. 중병으로 전이되지나 않을까 걱정하면서 과민 반응을 하였다. 때로는 가끔 외형상으로도 안색顔色이 검고 심신이 피곤함을 감지한다. 오랜만에 만나는 사람은 뙤약볕에서 운동을 많이 하여 그을린 것으로 착각하여 위로하지만 정작 자신은 마음이 아팠다. 단체로 찍은 사진에서나 여럿이 승강기를 타면서 거울에 비친 자신의 모습이 옆 사람과 비교하여 병색을 짙게 느낄 때면 서글퍼지기도 한다.

가장 가까이에서 보는 아내는 너무 엄살을 부린다고 핀잔을 주기도 한다. 같은 병을 너무 쉽게 자가 진단하면서 제멋대로 살다가 먼저 저세상으로 떠난 친구도 더러 있다. 우리나라에는 간염 바이러스 보균자가 1할 정도나 된다. 건강관리를 잘하여 항체가 생겨서 제 모습을 찾아가는 또 다른 친구는 자신감 있는 격려의 덕담을 한다.

"테메운 사구(장독)도 단디 써모 오래간다. 너무 걱정하지 마라."

한옥에 냉장고가 없던 시절의 우리 조상들은 주로 사기그릇을 사용하면서 생활하였다. 장독이나 김칫독 등은 무거워서 이동 중에 잘못하면 금이 가기도 한다. 아까워 버리지는 못하고 철사로 동여매어 다시 사용한다. 또 깨질까봐 얼마나 조심하는지 모른다.

물이 많이 나면 이웃과 함께 나누어 마실 생각으로 한 우물만 꾸준히 파면서 살아왔다. 그렇게 큰 독은 아니지만 가득 채우지도 못한 채 그만 취급 부주의로 금이 가고 말았다. 깨지지 않은 것만도 다행이라 생각하면서 늘 감사하는 마음이다. 밥집 벽에 흔하게 붙어 있는 글귀를 그저 하나의 소품으로만 감상하였다.

> 재물을 잃으면 조금 잃는 것이고 명예를 잃으면 많은 것을 잃는 것이고 건강을 잃으면 전부를 잃는 것이다.

　건강을 잃은 처지에서 느끼는 감회는 얼마나 가슴에 와 닿는지 모른다. 40대 후반에 간염이라는 지독한 스승을 만났다. 모두를 잃지 않으려고 작은 소망마저도 접어야 했다. 그 덕분에 더 많은 것을 배웠다. 모든 화는 과욕에서 생긴다. 그릇보다 많은 것을 담으려면 넘치게 마련이다. 자기의 능력과 분수에 맞게 살아가라는 단순한 가르침에서 얻은 테메운 독은 과연 언제까지 사용할 수 있을까?

맛깔스런 이름

 이름은 기억하기 좋아야 하고 듣기도 좋아야 하며 부르기 편해야 한다. 한평생 다정스럽게 불러보는 벗이나 사랑하는 사람의 이름은 더욱 정감이 가야 할 것이다. 일상에서 자주 접할 수 있는 꽃과 생선의 이름도 많지만, 등산로에서 만나 나그네의 발걸음을 멈추게 하는 누각에도 맛깔스런 이름이 있다.

 깊어가는 가을날, 계절의 감각을 몸소 느끼려고 중년의 세 부부가 완만한 코스를 선정하여 산책을 나섰다. 마진고개 중간쯤에서 시작하여 안민고개에 있는 기존의 임도와 연결하는 공사를 한창 진행 중에 있다. 신작로 자갈길을 30분 정도만

걸으면 목재로 새롭게 단장한 정자가 나타난다. 2층으로 된 누각의 이름이 '하늘 마루'다. 그렇게 높은 곳은 아니지만 소부산 정상에 자리를 잡았다. 시가지 전체를 조망하는데 시야가 막힘이 없고 맑은 날에는 멀리 거제의 섬들이 빤히 바라다보인다.

 나는 가끔 생뚱맞은 생각을 할 때가 있다. 천당과 지옥이 우리들의 사후死後에 있다기보다는 지금 자신의 마음속에 자리 잡았다고 생각한다. 파란 하늘 캔버스에 대형 붓으로 그려 놓은 새털구름이 배경인 '하늘 마루'에 서서 땀에 젖은 육신을 시원한 가을바람에 맡길 때와, 천당의 대청마루에서 영혼이 노니는 것과 기분을 비교한다면 어떨까?

 돌아오는 길은 다소 유유자적하게 발걸음을 옮긴다. 길섶에서 만나는 풀꽃들이 관심을 가지고 그들의 이름이라도 불러주기를 바라는 몸짓을 한다. 시인 김춘수는 〈꽃〉이라는 시에서 이름 없는 풀꽃들의 욕구를 간절하게 표현하였다.

> 내가 그의 이름을 불러 주기 전에는 그는 다만
> 하나의 몸짓에 지나지 않았다.
> 내가 그의 이름을 불러 주었을 때
> 그는 나에게 와서 꽃이 되었다.

> 내가 그의 이름을 불러 준 것처럼
> 나의 이 빛깔과 향기에 알맞은
> 누가 나의 이름을 불러다오.
> 그에게로 가서 나도 그의 꽃이 되고 싶다.

 가을 햇살 머금은 언덕배기 도랑가에 하얀 쌀밥 같은 작은 꽃송이들이 무리를 지어 피어 있다. 줄기에는 연한 가시가 있지만 꽃과 잎 모양은 청순해 보이는 풀꽃의 이름이 '며느리밑씻개'다. 왜 하필이면 꽃 이름을 '며느리밑씻개'라 붙였을까.

 이름을 몰라 관심이 없었더라면 하찮은 풀꽃이라 그냥 넘겼겠지만 맛깔스런 이름이 붙여진 사연을 유추해 보았다. 예나 지금이나 한창 바쁜 농사철에 일에 지친 며느리가 한순간이라도 더 쉬고 싶은 심정으로 뒷간에 자주 들락거렸을 것이다. 일손이 아쉬웠던 그 시절에 며느리의 잔꾀가 고부간의 갈등으로 나타났다.

 며느리의 얄미운 행위를 보다 못해 화풀이를 하기 위해 이 풀꽃을 뒷간 근처에 심어서 휴지 대신에 사용하라며 얄궂은 이름을 붙였을 것이다. 줄기에 달린 가시가 날카롭고 질겨서 한 번 긁히면 그 쓰라림이 심하고 오래간다.

옛날부터 고된 농사일로 일상이 고달프고 시부모의 구박을 견디지 못해 집을 나간 며느리들은 아마도 가을이 오면 '진해 떡전어'를 굽는 구수한 냄새를 맡고 귀가를 서둘렀을 것이다.

진해만이 아닌 다른 곳에서 나는 전어는 속살이 흰색인데 반해 '진해 떡전어'는 피부에 붉은색이 많으며 넓적한 떡처럼 생겼다고 해서 붙인 이름이다. 조업이 금지된 군항수역 바다 밑은 무기물질을 함유한 개펄 성분이 많은데다 먹이인 동식물성 플랑크톤이 풍부해 전어가 잘 자란다.

사람이나 물고기처럼 살아서 움직이는 생물은 주어진 환경에 적응하면서 살아가는 것 같다. 가끔 바다가 없는 도시의 횟집에서 모임을 하는 날이 있다. 다른 지방의 전어회는 고기의 육질이 접시에서 금방이라도 펄펄 날아갈 것 같다는 느낌이다. 진해의 떡전어는 기름기가 많아 접시에 착 달라붙어서 먹고 싶은 욕구와 함께 그 맛이 얼마나 구수한지 모른다.

안골만으로 가는 해안도로에는 '흰돌뫼 공원'이 있다. 전망이 좋은 '웅비대'는 신항만을 한눈에 바라다볼 수가 있다. 공원을 산책하면 산등성이를 넘어 연길마을 뒷동네와 만난다. 중소기업 연수원이 있는 곳에서 제자리로 오는 데는 모두 1시간 정도 걸린다. 공원을 개설한 지 얼마 되지 않았지만 가을비로 촉촉하게 젖은 길에서는 흙냄새와 낙엽 밟는 소리가 조화를 이루어 깊어가는 가을의 정취가 물씬 풍긴다.

　우산 속에서 해변을 거니는 맛도 일품이지만 오는 길에 〈황포돛대〉 노래비가 발걸음을 멈추게 하였다. 등산화로 누르는 버튼을 밟으니 금방 이미자의 구성진 노랫가락이 흘러나온다. '마지막 석양빛을 기폭에 걸고 떠나가는 저 배는 어디로 가는 배냐?' 이 가을이 지나가는 소리가 들린다. '황포돛대' 그 노랫말도 좋지만 제목도 정겹다.

등대 없는 등대지기

　내 둥지 가까운 곳에 '등대지기'가 있다. 등대지기라고 이름 지었지만 사실은 장천부두 옆 낚시터에서 간식을 파는 이동용 노점상이다. 녹슨 1톤짜리 트럭에 큰 글씨로 간판을 부쳐 밤낮으로 장사를 한다. 등대지기의 주인이 누구인지는 잘 모른다. 태풍 예고가 있거나 노점상 단속이 있는 날이면 조금 한적한 장소를 찾아 피신하러 오는 모양이다.

　요즈음 경기가 예전 같지 않다고 야단이다. 그래서인지 실업자로 붐비는 낚시터지만 노점상마저 돈벌이가 안 된다. 항로 잃은 배가 등대를 찾아 헤매고 있지만, 등대에는 불이 꺼져 제 구실을 못하니 마음이 안타깝다. 올여름에도 반갑지 않은 몇 개의 중형급 태풍이 지나갔다. 이태 동안 얻은 큰 태풍의 아픈 상처를 교훈 삼아 유비무환의 자세로 대비한 덕분인지 큰 피해를 입지는 않았다. 그런 와중에도 하기 휴가철이면 어디든지 떠나고 싶은 생각은 여전하다. 자꾸 나이 들어가면서 여행이 바쁜 일상을 충전한다고 느끼기 때문이다.

내겐 콩나물 공장을 하는 친구가 있다. 적은 매출에 비하면 거래처가 많은 사업이다. 진해와 창원에 콩나물이 필요한 식당에 미리 주문을 받아 새벽부터 직접 배달을 해야만 한다. 그것도 요즈음은 돈벌이가 한참 잘 될 때의 절반 수준이란다. 가족끼리 운영하면서 365일 하루도 쉬는 날이 없다. 50대 중반의 나이지만 건강과 사업을 20년 동안 잘도 유지해 왔다. 집안에 일이 있거나 얼마간 휴식이 필요할 때는 남의 손을 빌려야 한다. 어쩌다 아르바이트 일꾼의 도움으로 한 번씩 여행을 다녀오곤 한다.

올해는 유난히도 무더웠던 날씨를 핑계 삼아 시원한 바닷가를 찾아가기로 마음을 먹었다. 하는 일이 오랫동안 시간을 낼 수 없기에 겨우 1박 2일의 짬을 냈다. 서해안 도서지방을 한 바퀴 돌아오기로 하고 새벽부터 길을 나섰다. 남해고속도로를 4시간 동안 달려서 목포의 여객선 터미널에 도착하니 정오가 가까웠다. 8월 초순, 여름휴가의 절정기라 타고 온 차를 주차하는 일도 쉽지 않았다. 오후 2시에 홍도로 떠나는 표를 사서 출항을 기다리는 동안 터미널 내부는 북새통이다. '메뚜기도 오뉴월이 한철'이라 피서 인파의 사람 냄새가 싫지는 않았다. 목포에서 가깝고 큰 섬들은 교각으로 연결하기 위해 한창 공사가 진행되고 있었다. 서해안의 섬들이 다리로 연결되는 날에는 새로운 관광명소로 자리를 잡게 될 것 같다.

태풍이 많은 계절에 3시간의 뱃길을 왕복하면서 자연을 만끽하며 선상여행을 즐길 수 있다는 것은 또 다른 행운이라고 모두들 부러워한다. 호화 여객선이라지만 무더운 날씨로 많은 손님을 태운 배의 내부는 불쾌지수가 높아서 에어컨의 용량이 모자라는 것이다. 사람들은 더위를 참다 못해 승객의 안전을 위해 열지 못하도록 되어 있던 객실 앞문을 열어야 하는 사태까지 벌어졌다.

짙은 안개나 폭풍우와 같은 악천후에서도 항로를 잃지 않게 하는 장비들이 개발되어 안전운항에는 별로 문제가 없다. 그러나 무더위에 사람의 몸과 마음을 시원하게 식혀줄 수 있는 기초가 되는 냉방시설이 잘못된 것이다. 승객과 승무원이 옥신각신하며 더위를 부채질하는 동안 홍도에 닿았다. 과연 소문대로 홍도는 기암괴석으로 이루어진 절경이었다. 섬에는 승용차는 없고 짐을 싣고 다니기 위해 오토바이를 개조한 삼

륜차가 유일한 교통수단이었다. 관광 유람선으로 한 바퀴 돌면서 홍도를 바라보는 눈동자는, 하늘과 바다를 사이에 두고 구름으로 색칠하며 그려내는 한 폭의 산수화를 감상하는 것 같았다. 인간의 손길 하나 간 적이 없는 자연의 신비는 보는 각도와 보는 이의 마음에 따라 모양이 달라져 모두들 감탄사를 연발할 뿐이다.

어둠이 깔리면서 횟집들이 즐비한 해안이 환하게 불을 밝혀 항구를 찾기 위한 등댓불은 필요를 느낄 수 없을 정도였다. 망망대해의 외딴섬 홍도는 겨울의 거센 계절풍의 파고를 견디기 위해 현재의 선착장 반대편에 또 다른 방파제를 만들어 놓았다. 배들이 정박하지 않고 길게 뻗은 방파제는 하룻밤을 묵고 가는 나그네들의 발길을 잠시라도 붙들기 위해 포장마차로 불야성을 이루었다. 계획 없이 지어졌던 어촌의 다락방을 개조하여 만든 민박집들이 그 많은 관광객들을 모두 수용할 수 있다니!

정겹고 순수한 외딴섬을 지키던 어부들의 모습은 어디에도 찾아볼 수 없었다. 여름 한철 벌어서 일 년을 살아가야 한다는 절박한 상혼으로 가득한 섬. 오랜 세월 동안 무더위도 피하고 그 많은 사람들의 욕구를 모두 수용하면서 그려내는 산수화를 감상하기 위해 찾아온 관광객들의 마음과는 대조를 이루었다.

  길을 묻는 뱃길에 나침반이 되던 등대는 이제 항법장치의 발전으로 큰 쓰임새가 없어졌다. 홍도의 자연은 그대로지만 인간의 마음은 상흔으로 얼룩져 있었다고 친구는 씁쓰레하게 웃는다. 등대는 없어져도 등대지기는 있어야 한다. 내 둥지 근처의 등대에도 불이 켜지고, 분주한 등대지기의 몸짓이 보인다면 이 가을이 그리 외롭지는 않으리라.

둘레길과 드림로드

 진해에는 시가지를 둘러싼 산중턱에 드림로드가 있다. 처음에 이 길은 산불이 나면 큰불로 번지지 않도록 소방차가 접근할 수 있게 만들어진 임도林道였다. 오랫동안 나무를 심고 가꾸어서 이름도 공모하여 꿈길로 다시 태어났다. 가까운 마을에서 드림로드로 잇는 능선길이 수없이 많다.

 나의 둥지에서도 국도 2호선 큰길 하나만 벗어나면 광석골 쉼터가 있다. 진해시 청사 주변에 조성되어 있는 생태공원의 일부에 속한다. 숲속을 지나 드림로드에 오르면 진해만의 아름다운 바다 경관을 한눈에 조망할 수 있다.

 드림로드는 장복산 휴게소에서 시작하여 웅동 소사 생태길까지 26km의 트레킹 코스로 연결되었다. 산허리에 길을 조성하면서 길섶에는 철 따라 색깔과 향기가 다른 꽃들을 심었다. 사시사철 사색하면서 걷는 나에게는 건강과 글감을 얻을 수 있는 고마운 길이다.

이른 봄에는 산수유와 생강나무에서 노란 꽃을 피우고 향기를 뿜어낸다. 진달래가 잠시 머물다 간 자리에는 벚꽃 세상으로 하얗게 물들여진다. 색색이 다른 영산홍과 철쭉이 무더기로 꽃망울을 터뜨리기를 기다리다 성질 급한 꽃복숭아가 봄을 유혹한다. 빨간 깃발을 들고 행군하는 늠름한 해병의 혼을 연상한다. 수더분한 새색시 같은 황매화와 삼색 병 꽃나무가 마주하며 꽃의 향연이 벌어진다.

계절마다 나무들은 형형색색 꽃을 피우면서 산과 길을 구분하는 울타리가 된다. 봄에는 하얀 꽃들로 단장한 조팝나무와 남천이 몸을 낮추어서 함께 어우러져 속삭인다. 가을에는 피라칸타와 홍가시나무가 새빨간 열매와 잎으로 나그네의 시선을 사로잡는다.

드림로드의 중간쯤인 청룡사 주변에는 아름드리 편백나무가 숲을 이루고 있다. 편백나무와 삼나무들이 사열하고 있는 사이사이에 차나무가 심어져 있어 사계절을 푸른 산에서 삼림욕을 즐길 수 있다. 천자봉 아래 만장대 부근에는 화살나무가 집단으로 서식한다. 예전에는 봄에 홑잎(화살나무의 새순) 나물을 세 번 뜯어 먹으면 부지런한 며느리로 칭찬을 받았다고 한다. 화살나무의 단풍잎과 주홍색 열매는 가을 산을 발갛게 불태운다.

박남준 시인은 시 〈화살나무〉에서 '그리움이란 제 몸의 살을 낱낱이 찢어／ 갈기 세운 채 달려가고 싶은 것이다' 라고 읊었다. 필자에게는 금방이라도 달려가고 싶은 그리움의 길이 있다. 지난가을에 무학산 둘레길이 밤밭고개에서 석전사거리까지 12km의 산책로로 조성되었다. 어린이날에 야간 고등학교 반창회에서 둘레길을 걷는 모임을 가졌다. 마산여중 앞에서 출발하여 만날고개로 내려오는 코스는 반가운 친구들의 만남에서 또 다른 설렘으로 다가왔다.

3시간 넘게 땀방울을 훔치며 걷는 길 중간쯤에 자리한 완월폭포 길은 내 청소년기의 꿈길이었다. 산복도로가 생기기 전의 천 평 남짓한 계단식 천수답이 어릴 적 생활의 터전이었다. 둘레길과 이어져 무학산을 오르는 길은 땔감을 해서 지게에 지고 나르던 길이었다. 힘겨운 나뭇짐을 언덕바지에 기대 놓고 멀리 합포만을 바라보면서 가난의 짐도 벗어 놓으려는 꿈을 꾸며 자랐다.

둘레길은 살아온 인생길처럼 평탄하지 않았다. 앵지밭골이나 서원곡은 추억이 묻어 있는 곳이다. 바다를 볼 수 있는 곳에서 시야가 가려진 것이 조금 아쉬웠다. 편백나무 숲속에 전망이 좋은 반월동 뒷산에 자리한 정자에 잠시 머물렀다. 코앞에 보이는 돝섬과 마창대교는 마산의 랜드마크다. 마창대교가 통합 창원시민 모두의 마음을 잇는 소통의 다리가 되기를 고대하며 한참 바라보았다. 이내 뒤따라오는 아낙네들이 "방 빼달라" 조른다. 공원으로 잘 가꾸어진 만날고개는 옛 모습을 찾을 길이 없었다.

둘레길과 드림로드는 모두가 꿈길이다. 하루하루를 꿈속에서 살아가는 나는 참 행복하다.

누각의 주인

　누구라도 전망이 좋은 곳을 보면 그곳에서 살고 싶어진다. 전망이 좋다는 뜻은 풍광이 좋아서 시야가 확 트인 곳과 앞으로 개발 가능성이 있는 곳을 의미한다. 젊은 날에는 이런 곳을 좋아했지만 나이가 들면서는 아무래도 노후를 여유롭게 지낼 수 있는 산자수명山紫水明한 곳을 택한다. 요즈음은 전망이 좋은 곳을 찾는 사람이 많아 고층아파트의 인기가 높다.

　진해는 고도제한으로 다른 도시에 비하면 높은 건물이 적은 편이다. 최근에 고층아파트를 많이 지었지만 산 쪽으로 세워져 스카이라인이 잘 형성되었다. 그런 연유로 진해는 시원한 바닷가나 확 트인 산마루에서 길손의 발길을 머물게 하는 누각을 쉽게 만날 수 있다.

장마철의 산행은 짧은 코스를 선택한다. 길이 미끄러워 위험한 곳도 있지만 빗길 걷다가 잠시 몸을 피할 수 있는 쉼터도 있어야 한다. 임도의 신작로 중간쯤에 위치한 '하늘마루'는 통나무로 단장하였다. 바로 옆에는 대청마루가 넓게 자리를 잡았다. 소부산 정상이지만 덕주봉의 산허리쯤에 위치하였다.

비가 오는 날에는 산길을 걷다가 '하늘마루'에서 잠시 머문다. 발아래 시가지가 구름 속으로 숨었다가 나타나기를 반복한다. "구름아! 사라져라"하고 고함을 지르면 금방이라도 시야가 맑아진다. 마치 신선이 머물다 간 자리로 착각할 수도 있을 것 같다.

언제나 하산길은 여유롭다. 가까이 있는 덕주 샘터에는 담담한 샘물이 정갈하다. 자연의 생태를 알고 자세히 관찰하면 재미있고 시간 가는 줄 모른다. 자귀나무 한 그루가 청순한 자태로 꽃을 피우고 섰다. 깊은 계곡에 무지개 색깔의 부채 모양으로 실낱같이 겹겹이 핀 꽃잎은 언제 보아도 아름답다. 어두침침한 계곡 주위를 훤하게 밝혀주는 거대한 샹들리에를 보는 느낌이다.

하얀 꽃송이가 땅을 내려다보면서 피어 있는 때죽나무도

이웃에 있다. 레몬 향을 닮은 꽃향기는 은은하다. 열매는 독성이 있어 물고기를 잡을 때 찧어서 냇물에 풀면 물고기들이 기절을 하여 떠오른다고 한다. 가을에 수없이 조랑조랑 매달리는 회색 열매의 생김새가 마치 스님들이 쭉 늘어서 있는 것 같아서 '떼중나무'라 불렀다는 설도 있다.

잘 알다시피 '떼중'은 떼거리를 이룬 중의 무리를 말한다. 고려시대에 수원승도隨院僧徒라는 신분이 낮은 계층이 있었다. 사찰을 짓거나 보수하는 공사 현장이나 제방을 쌓거나 성을 쌓는 일을 하였다. 머리는 깎았지만 평상시에는 절에 머무르지 않고 민가에서 처자식을 부양하면서 생활하였다. 나라에 전쟁이 나면 군사로 동원이 되었다. 고려가 거란을 물리친 배경에는 떼중의 힘이 크게 작용했다고 전해진다.

사연을 많이 간직한 때죽나무의 열매 껍질은 세척제로도 사용했단다. 기름때를 제거하는데 효과가 있으며 한방에서는 구충제나 살충제로도 사용한다. 모든 풀과 나무는 어떻게 사용하는가에 따라 독이 되고 약이 될 수도 있다. 약이 되는 것도 지나치면 독이 된다. 무엇이든지 지나치지 않는 것이 미덕이다.

계곡을 따라 내려오는 길에 새롭게 단장한 '이종찬 장군 별장'에 들렀다. 늘 열려 있어서 오래도록 머물고 싶은 곳이다.

아무리 환경이 좋은 곳에 자리를 잡은 산장이라도 찾아주는 사람이 없으면 소용이 없다. 그 산장은 찾아오는 사람들이 주인이다. 우리는 어느 한 사람이 소유하는 가치보다는 자주 찾아와서 이용하는 공동의 가치를 존중한다. 마음속에 공동 등기를 한 셈이다. 관리를 위한 유지보수가 없어도 된다. 세금 낼 걱정 없이 언제라도 와서 쉬어가는 산장의 주인이 되는 셈이다.

속천으로 가는 해안도로에는 진해를 대표하는 웅장한 누각이 있다. '진해루'다. 새해 첫날이 되면 해돋이를 비롯하여 주말마다 크고 작은 문화행사가 열리는 곳이다. 파도가 넘실거리는 해변을 새벽부터 밤이 늦도록 건강을 위하여 걷는 사람들로 붐빈다.

근처에는 소유하지 않고도 즐길 수 있는 별장 같은 누각이 하나 더 있다. 에너지과학공원에 있는 소죽도 정상에도 노송老松들 사이에 조그마한 누각이 자리를 잡고 있다. 삼면으로 둘러싼 바다 위에 일렁이는 가로등 불빛이 가득하다. 한여름 밤의 시원한 파도를 타고 오는 갯바람과 함께 소나무 사이로 간간이 달빛이 쏟아지는 날에는 누각의 주인이 된 기분을 마음껏 만끽할 수 있다.

길동무 덕분에 소유하지 않고 함께 즐길 수 있는 달빛과 더불어 누각의 영원한 주인이 되었다.

그때 그 시절의 마산

"수차이(수찬)는 무학산 먼디에 갖다나도 살겄다."

농사꾼의 6남매 중에 둘째로 태어나 농사일을 거들면서 부친으로부터 한두 번 들은 이야기다. 그렇다. 칭찬은 고래도 춤추게 한다. 유연성이 없을 것 같은 전기기술자의 삶이 무학산의 서마지기보다 넓은 문학 동네에서 조그만 글밭을 일구며 살아가는 것을 예견이라도 한 느낌이다. 인연의 그릇에 추억을 담을 수 있다는 것은 얼마나 다행하고 고마운 일인가.

무학산 골짜기에서 조금씩 흘러내린 물은 내가 태어나서 자란 완월폭포 부근에서 불어나 마산시청 옆으로 흘러 커다란 장군천을 이루었다. 상류의 맑은 물에는 가재와 송사리도 많이 놀았다. 어린 시절에는 돌멩이와 풀무더기로 방축을 쌓아서 입술이 시퍼렇도록 멱을 감고 놀았다. 지치고 배가 고프면 가재도 구워먹고 근처의 언덕배기에는 계절 따라 만나는 진달래나 아카시아 꽃과 산딸기로 허기를 달래는 간식거리가 지천이었다. 집에서 완월초등학교까지 좁은 골목길로 걸어서 다녔던 장군천 주변은 즐거운 놀이터였다.

60년대 후반의 마산의 경제는 어시장이 북적거렸고 수출자유지역의 조성으로 상공업이 활발하여 전국 7대 도시라고 자랑하였다. 대기업으로는 한일합섬과 한국철강이나 요업센터(지금의 대림요업)가 차관을 들여와서 공장을 세우고 있었다. 봉암동의 갈대밭과 수원지를 지나는 좁은 길을 달리는 통근버스에 몸을 싣고 요업센터에 출퇴근을 하였다. 봉암다리 아래의 갯벌에는 꼬시락을 파는 횟집들이 바다 위에 여러 채가 성업 중이었다. 노를 젓는 어선들과 갈매기가 어우러진 어촌마을이었다. 진해로 가는 국도 2호선의 비포장도로 양쪽의 포도밭에는 늘 먼지가 자욱하게 쌓여 있었다.

풍부한 고령토를 생산하여 타일과 위생도기를 수출하기 위해 군사정부가 야심차게 공장을 건설하였다. 도자기 기술과 기계공업이 발달한 이탈리아와 독일에서 장비를 설치하기 위해 외국 기술자들이 많이 와 있었다. 짧은 외국어 솜씨로는 손짓과 발짓을 다 동원해야만 의사소통이 가능하였다. 가끔 그들이 신촌 동네를 다녀와서는 "홧 이즈 꼬쟁이"라며 화를 내곤 하였다. 아마도 마을에 어린아이들이 어색한 눈으로 서양인을 따라다니며 "코쟁이"라고 놀리는 것이 욕설로 들렸던 모양이었다. 지금의 글로벌세대와는 격세지감이다.

  진학의 욕구와 때를 맞추어서 경남대학에 병설 공업전문대학이 신설되어 기존의 완월 캠퍼스에 야간근무를 하며 다닐 수 있었다. 또 다른 욕심으로 전기의 고시라고 일컫는 전기주임기술자 자격시험에도 도전하였다. 기술자로서의 자질을 검증받는 것으로 역시, 첫해에는 낙방의 고배를 마셨다. 미쳐야만 된다는 각오로 하루에 잠자고 근무하는 시간을 제하고는 책과 씨름을 하였다. 한여름 무더위에는 엉덩이에 물집이 생기는 것도 경험하였다. 이듬해에 전문대학 학력과 자격증으로 경남방송에 공채 1기로 입사를 하게 되었다.

  지금이야 지방마다 언어가 많이 순화된 것 같지만, 그 당시 나의 투박한 경상도 사투리는 서울이나 전국에서 스카우트로 채용된 기성 방송인과의 대화에는 소통이 힘들 정도였다. 조급한 마음으로 불쑥 한 마디씩 내뱉는 대화는 상대방을 어색하게 만들었다. 한참 후에 본인이 해설까지 해서 설득을 시킨 뒤에야 한바탕 폭소가 터지는 경우가 허다하였다. 유독 목청도 높고 악센트도 강한 나로서는 오랫동안 놀림감으로 화제의 인물이 되었다.

　기존 건물의 1층과 2층은 경남신문사가 사용하였고 3층과 4층에는 라디오 방송국이 있었다. 5층과 6층을 증설하여 텔레비전 방송을 위한 스튜디오와 주조정실을 만들었다. 일본에서 도입한 방송기기를 설치하여 1972년 10월 5일에 지방에서는 처음으로 텔레비전 방송의 전파를 송출하였다.

　난생 첫 직장이었던 전기공사업체와 마산문화방송이 소재한 서성동은 내 삶의 추억만큼이나 마산 사람들의 사연과 애환이 서려 있는 곳이다. 사옥 건너에는 시외버스터미널이 있었고 3·15회관과 3·15의거 기념탑도 가까이 있었다. 마산에서 가장 높은 6층 건물은 안테나 타워가 높이 솟은 종합방송센터로서의 위용을 자랑하였다. 그 시절 청춘남녀들의 만남의 상징이었던 청자다방이 지하에 있었다. 젊음의 욕구를 발산할 수 있는 신포 체육관도 가까이 있었다.

　마산문화방송에서 근무하였던 1972년 8월부터 1983년 12월까지의 11년은 나에게는 가장 왕성한 변화의 계절이었다. 신혼의 단꿈에서 깨어나기도 전에 3교대 근무의 낮시간을 안

일하게 보낼 수가 없어 부업을 시작하였다. 방이 하나 딸린 점포는 북마산 파출소에서 오동동까지 연결되는 술집 거리의 굴다리 위에 있었다. 이웃에는 돌 공장이 있어서 소음도 많았다. 안채는 방이 여러 개가 있었다. 술집 아가씨들은 늦은 밤이나 새벽에 귀가를 하였다. 술을 얼마나 먹었는지 공동으로 사용하는 변소에서 토하는 비위생적인 소리로 잠을 설칠 때도 많았다. 내가 회사에서 야간 근무를 하는 날이면, 나무에다 양철을 붙여 만든 무거운 여닫이문을 열고 닫는 일은 아내의 몫이었다.

백열등이나 형광등의 전구가 나가면 급하게 필요한 물건이지만 일일이 상태를 확인해야만 한다. 실업계 고등학교와 공과대학에서 소모하는 실습용 재료도 납품하였다. 백 개가 넘는 마산수출자유지역의 공장들이 가동을 하면서 70년대 말에는 마산의 경제는 초호황을 누렸다.

대부분이 일본회사였던 수출지역에는 관리자의 신뢰만 얻게 되면 물량을 확보하는 데는 별 문제가 없었다. 그 시절에는 전기 자재나 설비가 좋지 않았다. 옥상에 있는 전기 시설물이 맑은 날에는 이상이 없었다. 그러나 해풍이 불면 염분이 녹으면서 전기가 통하는 현상이 일어나 정전이 되었다. 전기가 끊어져 작업을 중단하는 사태가 일어날 때마다 '전기는 귀신 같다'며 쓴웃음을 지었다. 덕분에 그 회사와 오래도록 거래를 유지할 수 있었다.

점차 공사물량이 많아지면서 신용을 계속 유지하려면 사업이나 직장생활 중에 하나를 선택해야만 했다. 너무 실리적으로만 살아온 자신이 동료들에게 미안한 마음이 있던 터라 회사를 그만두기로 하였다. 새롭게 다짐한 돈벌이에 세상은 생각만큼 호락호락하지 않았다. 밑바닥부터 다져 온 사회생활이지만 건설업의 생리를 파악하는데 어려움이 많았다. 거래처의 부도와 안전사고, 노사 간의 원만한 협력이나 동업자 간의 출혈경쟁 등, 어느 것 하나도 만만한 것이 없었다.

마산문화방송이 현재의 양덕동 신축사옥을 경남종합건설에 일괄 도급으로 주어 건설하였다. 어떻게 해서라도 친정집의 전기공사만은 해야겠다는 상징성 때문에 원가 계산은 차치하고 하도급으로 무사히 시공을 하였다. 대부분의 공정이 마찬가지로 손해를 보았다. 준공하는 날에 받은 감사패는 꽤 비싼 것이었다. 가끔, 구릿빛 사옥을 볼 때마다 물질적인 손실보다는 일을 했다는 보람이 더 큰 비중으로 마음속에 남아 있다.

전기공사업을 시작한 지 어언 30년의 세월이 흘렀다. 그 동안 사회생활을 하면서 얻은 경험을 이제 문학나무에 접목을 하고 있다. 맛있는 열매를 얻기 위해서는 많은 노력이 필요할 것 같다. 지금은 고향을 떠나 가까운 진해에서 둥지를 틀었고, 형제와 친구들과 언제라도 함께 어울리며 살아가는 마산은 진해와 함께 창원으로 통합되어 한 도시로 거듭나게 되었다.

전등에 비친 전기인의 꿈

 한 해가 저물고 다시 한 해가 시작되는 것은 어떤 의미일까. 자연의 법칙으로 보면 그저 우리의 시야에서 해가 지고 다시 해가 뜨는 현상의 연속일 뿐인데 말이다. 그런데 유독 사람만이 세월의 매듭을 짓고 풀면서 의미를 부여하곤 한다. 그래서 세모가 되면 습관처럼 살아온 날들을 돌아보고, 숙제를 못 끝낸 것들에 대해 반성의 시간을 가져본다. 세월이 흐를수록 사람 구실을 하면서 산다는 것이 그리 쉬운 일이 아니라는 것을 느끼게 된다.
 해가 바뀌기 전에 혼사를 서둘러야 한다는 부담 때문인지 주말이면 쌓이는 청첩장을 정리하기도 바쁘다. 시간대가 겹치는 경우도 있다. 찾아가 눈도장을 찍으면서 축하를 하는 것이 도리지만 인편으로 축의금을 부치기도 한다. 때로는 우편으로 축의를 전달할 때가 있어 미안하다. 뿐만 아니다. 사회단체와 친목모임에서도 송년행사를 치르면서 한 해를 마무리한다.

12월 첫째 토요일, 사회인이라면 이날은 누구에게나 분주하다. 나도 예외는 아니었다. 오후에는 혼사가 두 군데 있고 저녁엔 3건의 모임이 예정되어 있었다. 중학교 동기생들의 송년회, 고등학교 총동창회 송년의 밤, 한국전력기술인협회의 '전기인의 밤' 등 어느 것 하나 소홀히 할 수 없는 소중한 행사다. 잔뜩 찌푸린 하늘이 오후가 되자 다소 많은 양의 눈비가 내린다. 날씨만 좋았어도 시간을 쪼개어 세 군데 다 둘러볼 요량이었는데, 날씨 탓으로 여의치 않았다. 그래서 부득이 거리와 시간을 생각하여 한 곳을 선택키로 했다. 모교의 동창을 만나는 일이나 친구들의 우정을 챙기는 것도 좋은 일이다. 그렇지만 평생을 살아오는 동안 함께 삶의 터전을 일궈온 전기 기술자들과 어울리기로 마음먹고 가까운 창원의 C호텔로 향하였다.

오랜만에 보는 반가운 얼굴들이다. 30년의 시공을 뛰어넘게 해 준 것은 '전기 기사' 국가기술자격증이란 승차권이다.

한국전력기술인협회라고 부르는 긴 열차를 타는 승객의 목적지는 다르지만 함께 어우러져 달려왔다. 해마다 한두 번 만날 수 있는 기회가 되는 정기총회나 오늘 같은 전기인의 밤이 보이지 않는 승객들의 안부를 묻는 간이역과 같다. 짧은 시간에 그 많은 사연들의 보따리를 다 풀어 놓지는 못한다. 이 사람은 아직 잘 지내고 있다는 확인을 시켜주는 정도다. 분위기가 대화의 불을 지펴질 무렵 누군가 "시시 세세" 선배님의 안부를 묻는다.

나 역시 20대 초반에 승차권을 갖기 위해 남다른 노력을 하였고 천하를 다 얻은 양 호기를 부리며 세상 물정 모르고 까불기도 했다. 그 시절 행사장은 대체로 마산의 가포유원지였다. 때로는 50대의 선배들과 어우러져 거나하게 취하여 생음악으로 한 곡조 읊기도 하였다. 야외에서 부르던 노래의 단골 메뉴는 가사를 자작하여 들려주던 밀양 아리랑이었다.

"작년에는 오좀(오줌)을 눙께내(누니까) 시시세세하더니 올해는 오좀을 눙께내 오졸촐촐하더라. 아리아리랑 쓰리쓰리랑 아라리가 났네."

그때는 흥겨운 노랫가락을 따라 부르며 즐거워하면서도 가사에 담긴 오묘한 사연을 알 리가 없었다. 장년기에 접어든

후에야 비로소 그 노랫말이 가슴에 와 닿는다. 고인이 되신 그날의 노랫가락 주인공은 업무에는 한 치의 양보도 없이 깐깐하다고 소문난 분이었다. 모임에는 한 번도 빠지는 일이 없어 우리 모두의 기억에 남아 옛날을 회고하게 한다.

 예전에는 인간이 살아가는데 필수 조건을 공기 다음으로 물이라고 하였다. 허나 요즘은 단연 전기가 아닌가 싶다. 주택의 대부분이 고층아파트이므로 전기가 없으면 물을 사용할 수가 없다. 양수기로 퍼 올리지 못하면 지층 아래에 있는 물은 아무 소용이 없다. 좀 억지다 싶지만 전기인의 입장에서 보면 부정하기가 쉽지 않다. 전기기술자로서 살아가는 자부심이 만용을 부를 때도 있다. 모두들 전기안전은 조그만 실수도 용납하지 않는다는 기초를 배웠다. 경직된 전기이론에다 평소 하는 일이 기계적이라 여느 직종보다는 마음의 여유가 없이 살아온 것을 느낄 때도 있다.

 직종은 하나지만 종사하는 업무는 다양하다. 법령으로 정해진 일정 수준의 용량을 가진 중소기업의 생산 공장, 빌딩, 아파트는 한 사람 이상의 전기기술자를 의무적으로 고용해야만 한다. 대기업이나 건설회사는 한 부서에 많은 사람이 근무를 한다. 한전이나 한국전기안전공사같이 전기를 주 사업으로 하는 직장에서는 더욱 보람을 찾을 수도 있으리라. 공직자로서의 성취욕구도 덩달아 높아지게 마련이다. 그러다가 중간 간이역에서 하차를 하거나 정년으로 종착역에서 내리게 되면 자격증을 밑천으로 더 작은 기업체를 여러 군데 맡아 전기안전 관리자로서 여생을 보내기도 한다.

 젊은 날, 수요보다는 공급이 부족하여 국가기술 자격증 하나만 가져도 요구하는 직장을 맘대로 옮겨 다닐 수 있는 시절이 있었다. 대학을 나와 자격증을 여러 개나 갖추어도 취업을 하기 어려운 오늘의 현실을 보면 격세지감을 느낀다. 우리들이 운 좋은 시절을 보냈다고 여겨지지만 한편으론 젊은이들의 장래가 걱정된다. 바로 다음 세대의 전기인들이 긍지와 보람을 느끼지 못한다면 그것은 앞선 우리 세대의 잘못이 아닌가. 나라의 내일이 그리 희망적이지 못하다면 혜택받았던 우리 일 세대들의 생애도 그리 자랑스럽지 못한 것이 아닌가. 그날 부산했던 전기인의 밤을 지켜보면서 나는 혼자 씁쓸한 상념에 잠겨 있었다.

 오늘 따뜻한 남녘의 겨울비가 높은 산에는 눈으로 덮여 있다. 이튿날 아침 햇살에 눈〔目〕이 따가운 눈꽃〔雪花〕으로 활짝 피어 있다가도 한낮이 되면 얄밉게도 사라진다. 응달에 피어 있는 눈꽃은 화려하지는 않지만 오랫동안 녹지 않는다. 안간힘으로 버티는 잔설도 교훈이 된다. 오늘의 양지를 즐기다가 쉽게 녹는 운명보다 음지지만 오래 생명을 간직하는 끈기가 얼마나 대견한가. 세월 속에서 비춰본 전등은 오늘과 내일의 명암을 뚜렷이 구별해 준다. 하지만 꿈은 계속 이루어가야 한다.

제2부

멀고 긴 여행

들쭉차는 향기가 없다

 여행에는 목적이 있고, 사람에 따라 그 목적이 다양하다. 관광은 자연 경관이나 그 지역의 문화를 보고 즐기는 것이 주가 된다. 사진작가 강운구는 수선화의 아름다움을 적은 글에서 '여행이란 몰려다니거나 떠도는 것만이 아니다. 때로는 쪼그리고 앉아, 꽃 한 송이에 한나절을 바치기도 하는 것이 진짜 여행이다.' 라고 했다.
 3월 중순, 봄을 시샘하는 추위가 한창일 때 비즈니스를 위해 중국 연길을 3박 4일의 일정으로 다녀왔다. 하루 만에 볼일은 다 볼 수 있지만 인천 공항에서 출발하는 비행기가 일주일에 두 번밖에 없어 어쩔 수 없이 이틀은 북한과 접한 두만강 부근을 여행할 수 있는 기회가 되었다. 30년을 한 우물만 파면서 한 업종에 종사하는 것을 천직으로 생각하며 살아왔다. 정신없이 앞만 보고 걸어온 사업이 올해는 다행히 다소 여유가 생겼다. 가끔 다양한 삶의 주인공들을 만나 식사와 운동도 함께하며 즐긴다.

어느 때는 귀를 소곳하게 하는 대화도 듣곤 한다. 어쩌다 마주친 색다른 아이템 하나에 유혹을 뿌리칠 수가 없었다. 북한산 선철을 수입하여 인근에 있는 주물공장에 팔면 소득이 짭짤하다는 것이다. 처음부터 많은 투자를 하는 것도 아니고 중국을 경유하므로 미지의 대국을 만나 업무를 보면서 여행도 할 수 있는 좋은 기회라 생각되었다. 무역업은 문외한이지만 새로운 일에는 뭔가를 얻을 수 있다는 욕심이었다.

일행 세 사람은 부푼 기대감으로 중국의 연변 조선족 자치주 연길에 도착하였다. 중개상인 한국인과 조선족 한 사람이 마중을 나와 호텔로 안내하였다. 커피숍에서 처음 마주하며 주문한 음료는 들쭉차였다. 언젠가 북한산 들쭉술을 선물로 받아 본 기억이 있지만, 들쭉차는 향기가 없고 짙은 자주색으로 맛은 무미건조하였다. 망중한의 여유를 호텔에서 묵는 동안 초저녁에는 남북한의 모든 TV방송을 동시에 시청할 수 있었다.

우리나라와는 시차가 한 시간이다. 때로는 한국에서 텔레비전을 본다는 착각에 빠지기도 했다. 북한 방송은 채널이 하나뿐이며 그것도 오후 6시부터 방송을 시작하여 10시에 마감하는 국정 홍보용에 불과하였다. 그렇게도 흔한 연속극은 만나볼 수도 없었고 김일성 수령이 평양의 어느 인쇄공장을 시찰하고 있었다. 북한은 지하자원이 풍부하지만 생산할 수 있는 설비와 기술이 빈약하다. 주로 중국의 지원을 받아 적은 양이나마 생산하면 중국의 중개상을 통해 수출을 한다. 김책제철소에서 생산된 선철은 노후한 전기 기관차를 타고 두만강변의 마을인 남양에서 철교를 건너 중국의 도문 역까지 넘어온다.

백두산으로 가는 길목이라 예전에도 도문을 한번 왔던 기억이 난다. 이번에는 별로 넓지도 않은 강이 꽁꽁 얼어붙어 금방이라도 북한 땅을 건너갈 수 있는 지적이었다. 선철이 넘어오는 길목을 안내하는 조선족은 북한을 자주 왕래한단다. 한 푼이라도 더 벌기 위해 혈안이 되어 있는 모습이 마치 우리의 70~80년대의 사회상을 연상하게 하였다. 단순 노동의 인적 자원이 풍부하고 물가도 싸니 어떤 사업이라도 하면 금방 돈을 벌 수 있는 제반 요건을 갖추고 있는 환경이었다. 질서가 없어 보이는 교통문화나 거리에 쌓인 쓰레기 더미는 아직까지 사회주의의 잔재가 그대로 남아 있는 것 같았다.

겉으로 보기에는 신용이라는 가장 큰 덕목을 확인할 수가 없었다. 서로 신뢰만 할 수 있다면 물건을 배에 실었다는 송장을 확인하고 송금하는 것이 관례다. 자신을 믿지 못하면 상대방도 믿을 수가 없다. 통상적인 상식을 벗어나 먼저 돈을 부쳐주면서 선뜻 거래를 성립시켰다. 보통 일 개월이면 제품을 출하해서 운송을 거쳐 판매까지 한 사이클이 돌아갈 수 있다는 약속을 하였다.

계약과는 달리 2개월이 지나도 물건을 배에 싣지도 않고 여러 가지 변명만 늘어놓았다. 김정일 위원장 생일 축하행사 때문에 나라 전체가 며칠을 쉰다는 둥, 전기가 없어 기관차가 못 움직인다는 둥, 이해 못할 사연도 각양각색이었다. 기대가 크면 실망도 크다고 했던가? 겨우 3개월 만에야 중국 연길 여행이라는 색다른 경험과 함께 투자한 금액의 본전이라도 건질 수 있어 다행이었다. 기대에 부푼 중국여행은 한 번으로 끝을 맺었다.

사업뿐만 아니라 사회생활의 기본은 서로를 신뢰하는 것이다. 누구라도 현재 자신이 하는 일에 그렇게 만족할 수는 없다. 가끔 현실에서 탈피하여 더 쉽게 더 많은 것을 얻고 싶은 욕구가 생기기 마련이다. 송충이는 솔잎만 먹고 살아지만 가끔, 배가 부르거나 먹을 것이 마땅찮을 때는 다른 나무를 넘보게 된다.

관광보다는 여행을 선호하고 싶은 욕구는 보다 많은 것을 얻기보다는 좀 더 여유를 가지기 위한 것인지도 모른다. 여행을 하다가 쪼그리고 앉아서 향기가 없는 들쭉차를 마실지언정.

멀고 긴 여행

 해를 거듭할수록 여름 나기가 더 힘들어지는 느낌이다. 비가 내렸다 하면 게릴라성 폭우요, 맑은 날이면 체온에 가까운 폭염이다. 뙤약볕에서 무더위를 견디며 일을 하는 사람들의 작업복은 소금물에 젖어 말린 듯이 하얗다. 여름 내내 땀 흘리며 열심히 일한 개미 덕분에 그늘에서 지낸 베짱이도 덩달아 휴가를 즐기는 셈이다.
 더 늦기 전에 해외여행을 한 번이라도 더 다녀오자며 처가 형제들은 매달 적금을 부어 돈이 모이면 여행 다니는 것을 보람으로 살아간다. 우선 건강할 때 먼 곳을 먼저 봐야 한다고 이번에는 동유럽을 선정하였다. 8월 중순이라 방학 중인 대학생을 포함하여 일행이 열여섯이나 되었다. 여행 경비의 반 정도 모이면 누구나 할 것 없이 서둘러 다녀와야만 직성이 풀린다.

이태 전에도 L관광 여행사의 주선으로 서유럽을 다녀왔다. 우리나라와 여행지의 날씨도 비슷하다는 안내서를 대충 보고 그저 한 주일 정도 피서를 다녀온다는 가벼운 생각이었다. 첫날의 여정은 좀 멀었다. 인천 국제공항에서 출발하여 독일의 프랑크푸르트를 경유하여 헝가리의 부다페스트에 도착하는 일정이었다.

자정이 가까워서야 내린 공항의 분위기는 조명마저 어둡고 침울하여 옛 소련의 동구권을 연상하였다. 생각이 방정인지는 모르지만 우리 가족 중 한 사람의 가방 세 개가 보이지 않았다. 가이드는 가끔 그런 일이 있다면서 못내 태연한 척하지만 당사자뿐 아니라 일행은 여행의 시작부터 한 방 맞은 얼떨떨한 기분이었다. 분실신고를 해놓고 시간은 지체하였지만 이틀 후에 가방을 찾게 되어 다행이었다.

8박 9일 동안 우리 가족들과 어울려 관광을 하게 된 구성원은 대구에서 병원을 운영한다는 다섯 식구와 인천의 어느 여고 동창생으로 오십 대의 교사가 여섯 명이다. 유럽의 날씨는 일 년 중에 3분의 2는 흐리고 비가 내린다. 태양만 보면 상의를 훌렁 벗고 잔디에 누워 일광욕을 하는 것도 하나의 구경거리다. 유유히 흐르는 다뉴브 강을 중심으로 북쪽은 부다요 남쪽은 페스트다. 부다페스트는 서울의 한강을 남산에서 바라보는 것같이 풍만하다. 부富를 자랑하듯 키 재기를 하는 초고층 빌딩은 보이지 않았다.

역사적으로 난세에 영웅이 태어난다고 하였던가? 동유럽은 국경이 가까운 강소국들로 연접되어 있다. 전쟁의 역사가 만들어 놓은 궁전이나 영웅의 광장이 가는 곳마다 자랑하는 관광명소다. 여행은 눈요기와 맛보기로 즐기는 것이다.

현지 가이드의 열정적인 설명에는 아랑곳하지 않는다. 일행 중 한 사람은 잘 가꾸어진 정원에서 탐스럽게 달린 체리를 따서 먹기에 바빴다. 잠시 국내의 명성지로 착각을 하고 호기를 부린 모양이다. 구경에 정신이 팔려 모여야 할 시간을 착각하였다. 대열에서 이탈하여 임의로 버스에 가서 기다리기로 했다. 말도 안 통하는 중늙은이 여섯 명이 정신없이 버스를 찾아 헤매었다. 십여 분이 지나고서야 다시 약속한 장소에 가서 일행과 합류를 하였다. 가이드도 우리를 찾아서 동분서주하였다니 정말 아찔한 일이었다. 모두가 자만에 빠져 제멋대로 행동하는 것은 꼴불견이다.

오스트리아에서는 음악의 도시 비엔나에서 그 유명한 모차

르트가 태어나서 활동한 잘츠부르크로 이동하는 동안 알프스를 배경으로 펼쳐지는 풍광은 달력 속에서나 볼 수 있는 평화로운 정경의 연속이었다. 체코는 '프라하의 봄'을 연상하며 우산 속에서 그날의 광장을 바라보니 예전에 군홧발에 짓밟힌 침울한 분위기가 되살아났다.

사흘 동안이나 계속 내리는 빗속을 버스를 타고 하루에 다섯 시간을 이동하였다. 국경을 넘나들면서 다소 지루함을 느낄 때 또 하나의 웃지 못할 사건이 벌어졌다. 국경의 게이트에서 가이드의 확인이 다소 지체되었다. 운전기사가 잠시 착각을 하였는지 국경을 지나 한참을 달려온 뒤에야 그 사실을 알려서 허겁지겁 되돌아가는 해프닝도 있었다. 그나마 다시 만날 수 있어 다행이었지만 안내자가 없는 해외여행을 생각하면 아찔한 순간이었다.

이번 여행의 간판 격인 독일의 '백조의 성'이라 불리는 노이슈반슈타인성은 150년 전에 국왕이 혼미한 국정을 다스리는 돌파구를 마련하기 위해 만들었다. 그러나 이렇게 아름다운 곳에 십년 넘게 어진 백성을 동원하여 성곽을 축조하는 동안 민심이 폭발하여 그만 왕위에서 쫓겨났다. 당시로서는 폭군이었지만 후세가 잘 보존하여 세계적인 관광 명소가 되었으니 도리어 존경받는 왕으로 남게 되었단다.

지구상의 모든 건축유적들은 비극도 함께 동반한다. 인류가 건설한 최고의 유산들이지만 수많은 사람들이 죽어갔다. 잉카의 마추픽추를 건설한 잉카인들은 어디로 사라졌는지 자취도 없다. 평화로운 그들의 삶을 이곳으로 내몬 역사가 야속하지만 그 비극이 잉태한 유적들은 후대인의 발길을 유혹한다.

 유럽의 도시와 성곽도 강물을 젖줄 삼아 풍요롭게 형성되어 오랜 세월을 유유히 민중의 역사와 함께 계속 흘러간다. 깊은 강물은 소리 없이 천천히 흐르면서 세상사 희로애락을 모두 담아 더 넓은 바다로 흐른다.

 강물처럼 흘러가는 멀고 긴 인생길에서 이번 여행은 배움의 길이었다. 즐거웠지만 아쉬움도 많았던 이번 여행에서 눈요기와 함께 다양한 삶의 교훈도 얻은 셈이다. 역사의 뒤안길에서 서두르지 말고 흐르는 강물처럼 살자고….

맨발의 여행

여행은 시간과 공간에서 만나는 인간의 어울림이라고 한다. 일상에서 벗어나 한 걸음 더 멀리 세상을 바라다보기 위해 여행을 떠난다. 늘 여행사에서 패키지 관광으로 정해진 코스로 다니다가 이번에는 좀 색다른 여행을 떠났다. 한국문명교류연구소에서 해상 실크로드 답사기행으로 남인도와 스리랑카를 보름 동안 공부도 하면서 알차게 다녀왔다. 긴 시간 동안 낯선 길을 찾아서 달리는 버스 속에서 향기로운 사람 냄새도 진하게 느낄 수 있었다.

성지순례로 인도를 다녀온 사람들에게 주워들은 짧은 상식만으로 떠나는 발길은 기대와 우려가 교차되었다. 한밤중에

싱가폴을 경유하여 뭄바이 공항에 도착한 시간은 이른 새벽이었다. 아침나절 호텔에서 잠시 휴식을 취하고 만난 인도의 뭄바이(옛 지명 봄베이)는 나른한 여름 날씨였다. 반팔 차림으로 아라비아 해를 바라다보는 인도문과 박물관을 관람하였다. 호텔의 담벼락에 즐비한 빈민가의 좁은 골목길은 온통 쓰레기 더미로 가득하였다. 그 속에서도 아이들은 해맑은 눈동자로 즐겁게 뛰놀고 있었다.

고층 빌딩 사이로 천막촌에는 누더기를 걸친 사람들이 대부분 맨발로 다녔다. 길거리에 누워서 자는 사람이 있는가 하면 이방인의 모습에 반갑게 손을 흔들어 주기도 하는 온순한 표정이었다. '인도양의 진주'로 알려진 도시 고아로 가는 길에서 인도 사람들의 생활상을 한눈에 볼 수 있었다.

몸에 닿아서도 안 된다는 불가촉천민이 일하는 빨래터에는 하루 1달러로 생활하는 빈민이 살고 있었다. 길 건너 멀리 아름다운 해변에는 인도의 최고 갑부의 27층 저택이 자리하고 있었다. 석유와 생명공학으로 돈을 번 세계 5대 부자의 집에는 관리인이 600명에 달한다고 하니 빈부의 격차를 짐작하였다.

인도의 서해안에 위치한 고아는 포르투갈로부터 1961년에 독립하였다. 기원전 3세기부터 유럽 사람들이 향신료 무역항로를 찾아서 왔던 곳이다. 주로 포르투갈 식민지시대의 건축유적으로 성당이나 공공건물이 많았다. 인도대륙의 최남단, 까냐꾸마리로 향하는 도중에 캘리컷행 야간열차는 자정쯤에 출발하였다. 여유로운 저녁시간이라 일행들이 자신을 소개하는 기회가 주어졌다.

버스 안에서 어색하게 분위기 파악에 서툰 사람은, 진해에서 동행한 친구와 영암에서 농사를 한다는 소띠 동갑내기와 나, 셋뿐이었다. 모두 서울에 살면서 답사여행을 여러 번 다녀온 그룹이었다. 삶의 여유에서 배어 나오는 풍성한 유머나 판소리 한가락에서도 놀이의 품격을 느낄 수 있었다. 부친이 직업군인으로 진해에서 태어나 아름다운 바다를 보고 작명을 하였다는 '미해美海'라는 이름만큼 환갑 나이가 믿기지 않을 정도로 언행이 예뻐 보였다. 한 해에 영화를 백여 편을 감상한다며 감미로운 목소리로 프랑스 샹송가수 에디트 피아프의 〈장밋빛 인생〉을 간드러지게 불렀다.

예정시간이 한참 지나서야 도착하는 열차는 성적이 좋은 편이라고 한다. 정거장 바닥에는 검은 색깔의 사람과 개들이 한데 뒤엉켜 밤을 지새우는 장면을 볼 수 있었다. 3층으로 한 칸에 여섯 명이 새우잠을 잤지만 고행열차는 여행의 참맛을 느끼게 해주었다. 여명의 차창 너머 풍광은, 아침 햇살이 반

사되는 아라비아 해변의 야자수들을 배경으로 남국의 정취에 흠뻑 젖게 해 주었다.

캘리컷은 기원 전후 3세기에 코치코데 왕국의 수도이며, 중세 향료무역의 요지다. 1460년 리스본에서 남아프리카 희망봉을 거쳐 온 바스코 다 가마의 기념비가 카파드 해변에 세워져 있었다. 수평선이 바라다 보이는 해안에서 한 시절 '깐수 교수'로 세상이 떠들썩하였던 연구소장의 강의가 있었다. 여든이 가까운 노 교수의 동서양을 넘나드는 열정적인 강의에 박수를 보냈다. 늘 긴장하면서 살아가는 것이 건강의 비결임을 느꼈다.

남인도의 타밀어는 우리말과 흡사한 점이 많다고 한다. 생활환경도 대한민국 타임머신을 반세기 전으로 돌려놓은 것 같았다.

다음 도시 코친을 연결하는 유일한 국도는 좁고 차선도 보이지 않았다. 왕복 2차선 길가에는 마을과 상가들이 끝없이 이어져 있었다. 힌두사원 주변의 그늘진 곳에서는 분가한 삼형제로 보이는 가족들이 한데 어우러져 휴일의 오후를 다정스럽게 즐기고 있었다. 경제 수준이 향상되어서 개인적이고 이기적으로 변화해 가는 우리의 현실에서 보면 부러움으로 다가왔다.

천 년 전의 건축술이라고는 믿기지 않을 정도의 정교하게 만들어진 힌두사원들을 곳곳에서 볼 수 있었다. 사원이나 궁전을 관람하려면 맨발이라야 출입이 가능하다. 사원에서도 정작 힌두교도가 아니면 제한된 장소에는 들어갈 수 없었다. 힌두사원의 수많은 기둥에는 생명의 탄생을 표현하는 조각들로 섬세하게 장식되어 있었다. 수없이 많은 신神을 사람이 만들었다. 코끼리나 소를 신앙처럼 우상화하고 있었다.

힌두문화의 진수로 알려진 인도의 남쪽 땅 끝을 밟고, 인구 660만의 거대 도시 첸나이에서 벵골 만의 노을에 취한 일행들은 탄성을 자아내었다. 유적지를 맨발로 관람하면서 평생토록 맨발로 생활하다 원시적 믿음으로 생을 마감하는 인도 사람을 생각해 보았다. 비록 헐벗고 가진 것은 없어도 자연에 순응하며 해맑게 사는 모습을 보면서 가까운 섬나라 스리랑카로 향하였다.

향수 여행

 지난해 가을걷이가 끝날 무렵에 지중해 여행을 다녀왔다. 뜻이 맞는 친구끼리 이태 동안 경비를 모았다. 막상 일정을 잡고 보니 미국에서 불어온 환율파동으로 떠나는 보따리가 생각할수록 무겁기만 했다. 요즈음의 경제사정보다도 좋지 않았던 IMF 때나, 어릴 때 '보릿고개'도 잘 견뎌온 사람들이라 그런대로 계획 실행에는 무리가 없었다. 조금은 미안한 생각이 들었지만 이집트의 카이로로부터 여정이 시작되었다.

 학창시절에는 가까운 도시에 수학여행도 제대로 다니지 못한 형편이었다. 그저 교과서에 나오는 나라 이름과 그 나라의 수도首都나 달달 외울 뿐이었다. 지중해 부근은 고대 문명의 발상지여서 기억 속에 깊이 각인된 곳이다. 첫날부터 파노라마처럼 펼쳐지는 세계 7대 불가사의 중의 하나인 피라미드와 스핑크스에 눈이 시려왔다. 사하라 사막의 모래 바람을 보얗게 덮어쓴 스핑크스에 더욱 눈길이 갔다. 수천 년 전의 화려했던 과거와 소박한 현실과의 조화를 위해 자연 그대로를 보존한다고 하기에는 후세 사람들의 구차한 변명같이 보이기도 했다.

고대왕조의 무덤으로 최초의 피라미드는 4800년 전에 축조되었다. 하나가 3톤이나 되는 돌을 나일 강이 범람할 때마다 옮겨서 280만 개를 쌓았다고 한다. 파라오는 그들의 무덤을 만드는 일을 국책사업으로 지정하였다. 반석 위에 돌기둥과 계단을 축조한 토목기술은 계측기가 없었던 당시의 기술이라고는 믿기지 않을 정도로 정교하다. 고대의 정교한 건축물과는 달리 마을에는 집을 지을 형편이 되지 않아서 벽돌로 칸막이만 하고 있었다. 연중 강수량이 적어서 지붕도 없이 생활하는 후손들의 살아가는 모습과는 대조적이다.

피라미드와 스핑크스로 상징되는 이집트는 누구나 죽기 전에 한 번은 가보고 싶은 곳이다. 이집트 여왕 클레오파트라의 연인인 로마제국의 안토니우스는 그 피라미드의 꼭대기까지 올라갔으며, 프랑스의 정복자 나폴레옹도 피라미드 안에서 하룻밤을 잤다고 한다. 그래도 피라미드에 호기심이 덜 가는 것은 책이나 비디오에서 너무 많이 듣고 본 탓인지도 모른다.

피라미드를 배경으로 낙타를 타는 코스가 있었다. 낙타 무리들이 있는 곳에는 땅이 메말라서 가축 냄새가 코를 찔렀다. 낙타의 등에 있는 안장은 너덜너덜하여 관광객을 위한 배려는 조금도 찾아볼 수 없었다. 대를 이어 계속해오는 한 번에 1달러짜리의 관광업이다. 우리 부부가 탄 낙타는 하필이면 한 사람이 두 마리의 낙타 고삐를 버겁게 잡고 있어서 불안전하게 트래킹을 하였다. 잠시지만 한 바퀴를 도는 동안 몸과 마음이 그렇게 편하지는 않았다. 도착 지점에 다 와서야 힘에 겨운 노인에게 낙타 고삐를 잡혀주는 것이 아무래도 부자지간 같았다. 동서고금을 통하여 생활환경이 어려울수록 가족 간의 사랑이 돈독하다는 것을 새삼 느낄 수 있었다.

세계에서 가장 긴 나일 강은 남에서 북쪽으로 흐른다. 이집트는 사막으로 비가 거의 내리지 않으며 나일 강이 유일한 수원水源이다. 오아시스가 있기는 하지만 문명의 거름이 될 만큼 충분하지 못하고, 나일 강이 관통하면서 사막을 적신다. 나일 강은 길이에 비하여 강폭이 그렇게 넓지는 않았다. 대형 유람선이 선착장에 겹겹이 정박하고 있었다. 나일 강을 크루즈로 즐기는 것이 유럽 사람들이 동경하는 이집트 여행의 백

미라고 한다.

 일행은 우리나라의 관광지 경주와 닮은 룩소르로 가기 위해 돛단배로 나일 강을 건너는 코스를 선택하였다. 제법 뱃놀이의 정취가 묻어 났다. 젊은 뱃사공과 간단한 영어로 주고받은 대화에서 아무리 관광수익을 올릴 수 있는 좋은 환경이라도, 훌륭한 지도자를 만나지 못한 나라에서는 젊은이의 꿈을 펼치기 어렵다는 것을 알 수 있었다.

 죽은 자의 땅이라는 네크로폴리스는 바위계곡 지하에 투탕카멘 왕의 무덤이 완벽한 상태로 1922년에 발굴이 되어 유명해진 곳이다. 파라오의 지하무덤은 풀 한 포기 없는 바위산 속에 있었다. 황량한 사막의 골짜기에 들어서자 무더위에 기관총을 든 이집트 병사의 초소가 보였다. 주변에는 지하로 연결된 여러 개의 동굴 입구가 눈에 들어왔다. 람세스 3세의 무덤은 계단으로 내려가는 구조로 되어 있었다. 긴 회랑이 100m쯤 이어져 미라와 부장품副葬品이 놓였던 방이 있었다. 처음에는 왕들의 무덤으로 피라미드를 만들었으나 계속 도굴이 되었다. 왕가의 계곡 속에 무덤을 만들고 무덤을 만든 사람마저 죽이고 흔적을 남기지 않았다.

 왕의 유품이나 미라는 카이로에 있는 세계 최대의 고고학박물관에 전시되어 있어 전실은 텅 빈 상태였다. 볼 수 있는 것은 음각한 상형문자와 화려한 채색 벽화뿐이었다. 3,000년의 세월이 흘렀지만 색상과 선이 명료하였다. 고대 이집트 왕조들은 마르지 않는 나일 강처럼 자신의 영혼을 지키기 위해 향을 사용하였다고 한다. 18세의 젊은 나이에 죽은 투탕카멘 왕의 무덤 안에서 석고로 만든 항아리에 채워진 향고는 발굴 당시에도 은은한 향기가 남아 있어 전 세계인을 놀라게 했다.

이집트에서는 태양열이 강한 탓에 여성들은 이슬람 의상인 차도르라는 검은 옷과 히잡으로 얼굴을 가리고 미용의 필수품으로 향유를 사용한다. 지중해성 기후와 풍토로 1년 내내 비 오는 날이 적고 햇볕이 따뜻하여 향료식물을 재배하기가 좋은 곳이다.

긴 여행길에서 처음으로 쇼핑을 할 만한 가게로 안내받았다. 그곳에서는 다채로운 향유를 진열해 놓고 후각을 자극시키고 있었다. 향수는 장미나 라일락과 같은 우리들의 코에도 익숙한 꽃의 향기였다. 혼합 오일인 향유는 클레오파트라 여왕이나 람세스와 같은 기억하기 쉬운 고대 유명인의 이름을 따서 고객을 유혹하였지만 사는 사람은 아무도 없었다.

고대이집트 왕조는 나일 강과 더불어 이집트 번영의 근간이었다. 살아서는 신처럼 죽어서도 신이 되는 파라오의 무덤과 신전에서 본 황홀한 광경은 오래도록 잊지 못할 것이다.

그러나 나일 강변에서 어렵게 생활하는 이집트 사람들의 따뜻한 모습이 떠오르며 그 정감이 그리워졌다. 나그네의 발길은 향수鄕愁와 향수香水를 느끼며 다음 여행지인 그리스로 떠났다.

따뜻한 남쪽나라

  지난겨울은 혹독하게 추웠다. 가축을 기르는 농민에게는 구제역 때문에 더 춥고 지루한 겨울이었다. 추운 날씨를 피하여 따뜻한 남쪽나라 여행을 다녀온 나그네의 발길도 가볍지는 않았다. 인도양의 진주, 적도 부근에 있는 섬나라 스리랑카를 다녀왔다. 스리랑카라는 어원이 부유한 땅이라, 사람들의 표정이 유순하고 따뜻해 보였다. 16세기부터 450년 동안 유럽의 열강들이 통치한 땅이다. 행정수도 콜롬보 시내에는 일찍이 유럽형으로 도시가 형성되어 전봇대가 보이지 않았다.

  국민소득이 비슷한 남인도의 생활환경과 비교할 수 없을

정도로 깨끗하였다. 맨 먼저 콜롬보 국립박물관에 들렀다. 기원전에 인도에서 전파한 동남아 불교의 유물이 잘 보존되었다. 세계에서 가장 긴 인공 항만을 가졌다는 콜롬보는 포르투갈 사람들이 콜롬버스를 기념하기 위해 붙인 이름이라고 한다.

문화 삼각지대라는 스리랑카 중앙부의 아누라다푸라와, 플론나루와, 켄디는 2천 년간의 역사를 간직했던 신할리 왕조의 도시들이다. 이 지대에는 미술적 가치가 높은 유적과 유물이 많을 뿐만 아니라, 현재까지도 줄곧 신앙인들의 기도대상물로 보존하고 있다. 국기의 네 귀퉁이에는 불교의 나라를 상징하는 보리수 잎 모양이 그려져 있다. 기독교나 힌두교도와 함께 종교행사를 하기 위해 국경일이 한 해에 무려 160일이나 된다고 한다.

하루씩 묵고 이동하는 빠듯한 일정에 아름다운 자연의 휴양리조트에 들렀다. 하바라나에서 아늑하게 이틀 밤을 지낸 것은 처음이었다. 넓은 호수와 어우러진 야자수 숲속은 원숭이 놀이터였다. 오래된 건축물이지만 잘 관리하여 여유로우면서 아늑한 분위기를 느낄 수 있었다. 뷔페식 아침 식단은 풍성하고 맛깔스러웠다. 투숙객은 서양 사람들이 많아서 마치 유럽여행을 온 것처럼 착각할 정도였다.

지난 2004년 동남아를 휩쓴 쓰나미가 이 지역을 강타해서 수만 명의 희생자가 났다고 귀띔을 한다. 또 종족 갈등으로 1983년 내전이 일어나 26년 동안 10만 명의 희생자를 내고 이태 전에야 평화를 찾았다고 한다. 전쟁 없이 관광인프라가 잘 가꾸어졌더라면 스리랑카는 이름 그대로 풍성한 땅이 되었으리라고 생각되었다.

스리랑카의 역사는 기원전 6세기경에 북인도의 아리안들이 이주하여 시작되었다. 첫 번째 수도 아누라다푸라에 가는 길은 아직도 포장이 되지 않았다. 고대유적지를 탐방하는 길은 시간마저도 울퉁불퉁하였다. 천천히 움직이는 버스 차창으로 도마뱀 한 마리가 무임승차를 하겠다며 들어왔다. 일행들은 깜짝 놀라서 한바탕 소동이 벌어졌다. 맑은 물과 푸른 숲이 어우러진 평원의 해질녘은 사방이 선홍빛 하늘로 채색되었다. 검고 넓은 호숫가에 모두들 내려서 아름답게 물든 노을을 놓칠세라 한참 동안 카메라에 몸을 맡겼다.

세상에서 가장 오래되었다는 스리마하 보리수를 중심으로 한 바퀴 돌았다. 달빛 아래 불교사원을 맨발의 수행자들과 동행하였다. 보름달과 조화로 이루어진 90미터 높이의 대탑이 연화 건축물로는 세상에서 가장 오래되었다고 자랑을 한다. 우리의 고전 이수광의 지봉유설芝峯類說에도 스리랑카 관련

기록이 있다. '스리랑카는 큰 바다 속에 있고 임금은 불교를 숭상한다. 코끼리와 소를 소중히 여기며 소를 죽인 자는 그 죄를 물어 사형에 처한다.'

담불라 석굴사원은 20헥타르의 넓은 벌판에 해발 300미터의 높은 곳에 위치하였다. 다섯 개의 석굴마다 누워 있는 불상을 비롯하여 168개의 대형 불상은 세계에서 가장 오래되었다. 사원 내부의 벽면에는 수백 명의 화가들이 그린 그림으로 장식되었다. 사원을 오르내리는 길가에는 원숭이와 개, 동물 가족들이 반갑게 맞아 주었다.

플론나루와 유적지에는 넓은 들판에 우뚝 선 180미터 바위산에 1500년 전의 궁궐터가 있었다. 시기리야 성채로 오르는 돌과 철제로 된 계단은 가파르고 세찬 바람이 불어 아찔하였다. 서양 여행객들 사이로 땀을 뻘뻘 흘리며 올라서니 사방이 훤히 내려다보이는 요새였다.

날아갈 듯 시원한 궁궐 터에서 일행 중 성악을 하는 여인이 있어 가곡을 불러서 분위기를 잡아주었다. 주위의 권유에 마지못해 나도 양념으로 〈동백아가씨〉를 우렁찬 목소리로 군가를 부르듯이 한 곡조 뽑았다. 뜻밖에 박수를 쳐주어 마치 가까운 야외에 소풍을 나선 듯 즐거웠다.

한순간을 즐기면서 여행을 한다고 무언가 크게 남는 건 아닐 것이다. 시간이 흘러 여행하던 날을 되돌아보면, 여든이 가까운 노 교수 세 분과 함께 어우러져 많은 것을 배운 여행이었다. 늘 연구하면서 긴장한 생활 탓인지 나이보다 젊게 보였다. 그러한 삶이 우리에게 귀감이 되었다.

 우리나라에서도 따뜻한 남쪽 바닷가, 진해에 살며 온화한 기후 덕분에 그저 누릴 수 있었던 자연에 새삼 감사하고 부끄러운 마음이었다.

캐나다, 그 필연의 선택

 같은 지방에서 태어나서 자란 사촌 형제끼리의 모임이 있다. '돌담회' 아무리 큰 외적인 충격에도 깨지지 않기를 바라는 마음에서 지은 이름이다.
 삼학년에서 육학년까지 가정을 이룬 형제들은 모두가 회원이다. 다행스럽게도 아직은 우리의 돌담은 건재하다. 하나같이 자랄 때는 지지리도 못살았다. 어렵게 살아온 집안의 모임일수록 더욱 탄탄하게 오랫동안 유지되는지 모른다.
 그동안 형제들끼리 서너 번 정도의 국내 여행을 다녀오곤 하였다. 아직은 한참 일할 나이이고 비용부담도 만만찮아 해외여행은 미뤄두었다. 이태 동안 어려움을 감수하고 알뜰하게 저축을 한 보람으로 이번에 모처럼의 외국여행을 다녀왔다.

지난 5월 초, 처음 떠나는 여행지치고는 다소 파격적으로 캐나다를 선택했다. 대부분 첫 해외여행은 중국 혹은 동남아를 선호한다. 비용과 시간도 그렇고 조금은 만만하게 느껴지기 때문이다. 거기에 비해 어쩐지 캐나다는 제법 격조 있는 여행지처럼 느껴진다. 나 역시 인터넷을 찾아보는 등 캐나다 여행정보를 얻는다고 부산을 떨었다.

문득 격세지감이란 생각이 든다. 사촌끼리의 여행을 캐나다로 떠난다는 것은 결코 예사로운 일이 아니다. 질풍노도의 역사를 온몸으로 헤쳐 온 사람들이 있었기에 가능했다. 그렇다. 얼핏 짐작하겠지만 우리가 여행지로 캐나다를 고른 것은 관광목적만은 아닌 필연의 선택이 있었기 때문이다.

지지리도 가난했던 60년대, 종형께서는 인쇄공으로 일하던 중 독일의 광부로 떠나게 되었다. 체격도 약하지만 광부의 경험도 없는 처지에 돈벌이를 위하여 멀리 떠날 수 있는 용기와 꿈을 가졌던 것이다. 지하 몇백 미터의 갱내에서 5년 동안 고생은 하였지만 돈보다 더 큰 보람을 얻었다. 비슷한 시기에 간호사로 고국을 떠났던 규수를 만나 결혼을 약속하면서 캐나다로 이민을 떠난 것이다. 선진국일수록 일확천금을 노릴 수 있는 기회가 없다면서, 젊은 날에는 정신없이 앞만 보고 살아왔단다.

40년의 세월 동안 멀리 떨어져 혈육의 정이 무엇인지 모르고 지내온 것이다. 세월을 잊고 살아오는 동안 다니던 직장에서 정년퇴직을 하여 생활이 다소 여유를 갖춘 뒤에 그리운 고국의 형제들을 찾아온 것이다.

종형께서 떠날 당시에 태어나지도 않았던 나이 어린 동생들이야 그렇게 반가운 감정을 느끼지는 못했을 것이다. 비슷한 또래의 형제들은 영상 매체에서 이산가족 찾기 상봉처럼 지난일들을 회상하며 서로를 부둥켜안고 한없이 울었다. 그날의 만남이 계기가 되어 더 늦기 전에 캐나다 여행을 준비하여 형님이 사는 모습을 보기로 하였다. 나이 육십이 넘도록 해외여행을 처음으로 떠나는 사람들도 있었고, 열여섯 명의 일행 중에는 열 살배기 어린 조카도 둘 끼어 있었다.

무학산 자락에서 태어나 초등학교와 중학교를 졸업할 때까지는 집을 중심으로 반경 1킬로를 떠나 본 기억이 나지 않는다. 마산에는 중등학교 대부분이 무학산 계곡에서 흘러내리는 물줄기인 '장군천' 가까이에 자리 잡고 있어 자연과 어우러져 교육적으로는 좋은 환경이었다.

초등학교에 가는 길 중간쯤에 '물반실'이란 동네가 있었다.

예전 물레방앗간이 있었다고 붙여진 이름이었다. 중학교의 등·하굣길은 학교 뒷동산의 솔밭 사이를 지나 개울을 따라 걸어서 다녔다. 멀리 바라다 보이는 바다 '합포만'에는 배들이 점점이 떠 있었다. 그 배를 타고 어디론지 떠날 수 있다는 꿈마저 생소한 것이었다. 다른 나라의 이름이나 수도는 세계지도 속에서만 존재했다. 이제는 마음만 먹으면 세상 어디라도 언제나 떠날 수 있는 현실이 가슴 벅차고 고마울 뿐이다.

하늘길 열여섯 시간을 날아 지구의 반대편 캐나다에 닿았다. 이곳 여행의 백미는 대자연 관광이다. 록키산맥의 눈 덮인 숲과 맑고 넓은 호수와 어우러진 광경은 감탄을 자아내기에 충분하였다. 콜롬비아 빙하지대의 만년설 위를 설상차로 이동하여 계절과는 상관없이 얼음 위를 마음껏 뒹굴어도 보았다. 어릴 적 교과서에서나 만났던 나이아가라 폭포는 하루 중 시간대에 따라 물소리가 달라서 인디언들은 신이 노한 것으로 알고 매년 아름다운 처녀를 제물로 바쳤다고 한다.

폭포를 구경하기 위해 전 세계에서 찾아오는 관광객을 위하여 하나의 도시가 형성되었으니, 신의 축복을 받은 나라임에 틀림없다. 미국과 캐나다의 경계로 흘러내리는 폭 670m 높이 54m로 그 규모와 경관은 감히 상상을 초월하였다. 어린 시절, 오줌발 같은 완월폭포만 보고 자란 나는 눈을 의심하지 않을 수 없었다.

나이아가라 폭포가 있는 동부지역에 캐나다 제일의 도시 토론토가 있다. 종형과 같이 수많은 사연을 담아 이곳에 이민을 와서 살고 있는 우리 교민들이 10만 명이 넘는다고 한다. 200평 정도의 잘 조성된 잔디마당에 2층 목조 가옥에서 2남 2녀의 조카들과 오순도순 살아온 집안 분위기보다, 오랜 세월 동안 피부색이 다른 사람들과 어울려 고생한 이야기에 더 관심이 많았다. 젊은 날 바다 위에 떠 있는 저 배를 타면 언젠가는 더 잘살 수 있는 꿈같은 나라에 닿을 수 있다는 생각을 하면서 살았단다. 이제는 고국의 경제성장과 함께 모두들 자기 분야에 열심히 살아온 덕분으로 형님 댁을 단체 방문하러 온 동생들을 부러워하는 눈치였다.

여행은 살아가는 보람이다. 낯선 자연을 체험하게 하고 단절된 사람과 만나 정을 나누게 한다. 뭐니 뭐니 해도 떠난 곳에서 바라보는 나의 집, 나의 생활을 객관적으로 볼 수 있어 좋다. 그 낯설음을 가슴에 담고 다시 일상 속으로 돌아올 수 있는 생활이 있어 더욱 좋다.

공짜가 없는 여행길

  오랜만에 전국에서 서른 명의 회원들이 모여 해외여행을 다녀왔다. 한국전력기술인협회에서 해마다 시행하는 산업시찰을 겸한 나들이다. 올해는 4박 5일간의 일정으로 중국의 상해 전력소를 방문하면서 자연경관이 뛰어난 장가계와 원가계를 이틀 동안 구경하기로 했다. 협회와 해외여행으로 인연을 맺은 것은 꽤 오랜 일이다. 중국과는 국교 정상화가 되기 전인 1976년도 대만을 시작으로 여러 곳을 다녀와 많은 추억을 간직하고 있다. 당시에는 모든 경비가 본인 부담이라서 일행을 모으기가 쉽지 않았다. 이번에는 여행 경비의 절반을 협회에서 보조해 준다니 격세지감이 든다.

전국의 지회에서 천거한 처음 보는 얼굴이 대부분이었지만 전기기술 자격증이 고리가 되어 모두들 금방 형제가 된 느낌이었다. 인천국제공항에서 상해까지 한 시간의 시차를 감안한다면 채 한 시간도 걸리지 않은 가까운 곳이다. 현지 가이드는 교포 3세로서 북한과 인접한 연길이 고향이란다. 북한사람도 점차 개방이 되면서 상해에서 요식업을 하는 사람이 많아졌다. 여행 일정 중에 마지막 밤은 평양관에서 냉면도 맛보고 홀 써빙을 하는 종업원과 농담하는 여유도 가졌다. 헤어진 부모 때문에 중국에 입양한 자식의 심정이라는 가이드의 처지가 애틋하다. 잠시 동안 만났지만 정든 자식을 두고 떠나는 부모의 마음 같았다.

대한민국 임시정부 청사는 처음 가 보는 곳은 아니지만 주위가 개발되면서 애국선조들의 활동무대가 그대로 잘 보존되기를 바라는 마음이다. 자정이 가까워서야 도착한 장가계 공항까지 국내선으로 2시간 정도 가는 먼 길이다. 최근에는 우리나라 지방의 국제공항에서 출발하는 항공기도 많아서 이곳까지 오는 하늘길은 다양하다. 우리 민족은 연緣으로 맺어 진 계契문화가 활성화 되어 많은 관광객들이 이곳의 자연 경관을 보러 온다. 원가계는 장가계 국립공원 안에 있는 절경의 산봉우리들과 눈높이를 같이하여 가깝게 볼 수 있어 감탄사가 연발된다. 골짜기와 절벽을 따라 걷는 길을 만들기 위해 많은 인력과 세월을 투자하였다. 바위 속을 뚫어서 설치한 승강기는 초당 3미터를 올라가는 초고속이다. 승강기를 타고 오르며 눈앞에 보이는 변화무쌍한 자연의 보고寶庫는 너무나 아름다워 조물주의 실수로 만들어진 하나의 거대한 작품 같았다.

한 해에 30만의 한국 관광객이 와서 눈요기를 하는 곳이라 국내 관광지로 착각하여 누군가는 '승강기가 오십 대의 세월만큼 빠르다'고 소리치며 한바탕 웃었다. 자연을 보며 느끼는 신비감이 그만 인간에게서 느끼는 허무감으로 바뀌는 일이 벌어졌다. 쌀쌀한 날씨에 정신없이 걷다 보니 배도 출출하여 따뜻한 군밤이 생각날 즈음에 턱 벌어진 밤을 바구니에 먹음직스럽게 담아 팔고 있었다. "천원 ~천원!" 한국말로 유혹을 한다. 정말 싸다는 생각으로 돈을 건넸더니 옆에 진열되어 있는 시커먼 비닐봉지를 하나 주었다. 그 안에는 차갑고 상한 밤 몇 톨이 들어 있다. 가짜 천국이라는 중국의 한 단면을 보여 주는 셈이다.

자연경관을 보면 기봉 괴석을 구름 위에 얹어놓고 운무 속을 움직이는 신선이 된 기분이지만, 속고 속이는 인간 군상들이 남긴 상흔과는 너무나도 대조적이다. 이틀 동안 호수에서 배를 타고, 하늘을 날고 싶으면 승강기와 케이블카에 몸을 싣는다. 동심의 세계로 떠나는 관광 삭도도 타면서 즐거움과 아쉬움으로 짜여진 일정을 보냈다. 촉촉이 비가 내리고 어둠이 깔린 공항에서 다시 상해로 향하는 항공기를 기다리는 마음은 기대와 설레임으로 부풀었다. 예약된 오후 10시를 한 시간이 지나서야 항공기 출발이 지연된다는 안내방송이 나온다. 음울한 시골 버스 정류소와 같은 공항 라운지에는 한국 사람이 대부분이다. 누구 하나 항의하는 사람도 없다. 자정을 넘기면서 항공기의 고장으로 이륙할 수 없다며 승객을 모두 호텔로 안내를 한다.

　이튿날 오후 7시에야 장가계를 출발하여 9시경에 상해에 도착하게 되었다. 중국에서 국내선 항공기의 출발시간은 하늘을 날아 봐야 알 수 있다고 한다. 꼬박 하루를 까먹은 대가로 항공사에서 인민폐 30위안을 받는 기분은 씁쓸하였다. 항공기가 연착한 이후의 일정은 모두 접고 다음 날 새벽에 귀국하기에도 바쁜 시간이라 잠마저 설치고 말았다. 여행 경비의 절반으로 시작한 여행이라 관광도 반쯤하고 온 셈이 되었다. 비록 절반의 관광이지만 일정을 모두 소화하는 것보다 더 많은 것을 얻었다.

　이번 행사는 '여행나무' 라는 여행사 이름에 걸맞게 대표자가 인솔하였다. 여행도 그렇지만 인생의 길에도 예기치 못한 일이 수없이 많다. 이렇게 수많은 경험들이 밑거름이 되어 더 큰 나무로 자랄 수 있을 것이다.

 '세상에 공짜는 없다'

 옛날 중국의 어느 황제가 백성들에게 내린 가장 짧으면서 쉽게 알 수 있도록 표현한 교시문이란다.

북쪽으로 가는 길

북쪽으로 가는 길은 멀고도 험하다. 대한민국에서 북한으로 가는 길도 가까이 있지만 왕래하기 힘든 먼 길이다. 대부분의 나라들이 북쪽에 소재하고 있는 선진국으로 가는 길도 힘들기는 마찬가지다.

노르웨이라는 나라는 국호가 '북쪽으로 가는 길'이다. 고등학교 동창인 친구 여덟 부부가 8박 10일간의 여정으로 북유럽을 다녀왔다. 모두가 바쁜 일상에서 장시간 벗어나 휴식을 겸한 넉넉한 여행이기를 기대했지만, 일정이 너무 빡빡하게 짜여져 다들 피곤하고 힘든 여행길이 되었다.

덴마크의 코펜하겐 공항을 거쳐서 핀란드의 헬싱키에서 첫

날밤을 잤다. 스웨덴의 스톡홀름을 지나가는 초호화 유람선에서는 맛있는 식사와 하얀 밤〔白夜〕속에서 하룻밤을 묵고 노르웨이에서 나흘 밤을 잤다. 비 내리는 우중충한 날씨에 험준한 산과 호수, 바다만 실컷 구경하였다.

오는 길에 네덜란드의 암스테르담과 독일의 함부르크를 한나절 동안 지나오면서 하룻밤씩 묵고 온 고달픈 여정이었다. 김해 국제공항에서는 북유럽으로 가는 직항로가 없어서인지 갈 때는 중국의 상해를 거쳐 갔다. 귀국할 때도 역시 북경을 경유하니 많은 시간을 공항 내에서 보냈다. 면세라는 허울로 포장하여 관광객을 유혹하니 남아 있는 외화나 소비하면서 지루함을 달래야 하는 것도 고역이었다.

초하의 계절인 오월 중순이지만 한겨울의 파카와 내의까지 준비를 하였다. 계절도 모르는 빙하의 만년설을 가까이 가서 보는 것이 관광의 주 코스였다. 가파르게 펼쳐진 초원의 들녘에 드문드문 농가들이 이어져 있지만 인기척이 없는 평화로운 한 폭의 그림이다.

수십 마리의 양들이 무리지어 있지만 그 속에서도 가족 단위로 움직이는 모습이 인간의 삶이나 별로 다른 것이 없었다. 대자연의 가파른 협곡 사이로 점령한 검푸른 물은 바다인지 호수인지 구별을 할 수 없어 가끔 가이드에게 묻곤 했다. 노르웨이 수도인 오슬로에서 제2의 항구도시 베르겐까지 가는 길은 운송 수단이 다양하다. 일행은 버스를 타고 호수와 바다를 번갈아 건널 때는 호화 카페리 여객선으로 차를 실고 이동한다. 가파른 산악지역을 넘어갈 때는 가끔 타이어 타는 냄새가 날 정도로 경사가 심한 내리막길이다. 시차 적응이 어렵고 지친 초로의 희붐한 눈동자는 가끔 웅장한 자연의 아름다움도 지루하게 느낄 때도 있었다.

일찍부터 굴을 뚫는 기술이 발달하여 여행 중에 만나는 터널의 길이가 무려 24.5킬로미터나 되는 것도 있었다. 터널 내부를 20분이나 달리는 동안 자동차를 돌리는 공간도 있고 환기통으로 연기와 유독 가스를 뽑아내는 광장이 네 군데나 있다는 설명이다. 세계에서 가장 긴 터널을 지나가는 여행객의 마음은 호기심보다는 혹시 무슨 일이라도 일어날까 걱정이 앞섰다. 험준한 산악을 관통하는 터널을 뚫는 토목기술과 굴삭기를 제작하는 기계 산업은 일찍부터 발달하여 최첨단 선진국이다.

폴름에서 뮈르달이라는 산 정상까지는 협궤열차를 이용하여 올라간다. 피요르드에서 쏟아지는 폭포는 수백 미터 높이의 빙하가 녹아서 여러 갈래로 흘러내리는 멋진 풍경이다. 그저 눈으로만 담아 오기에는 아쉬운 장관이었다.

노르웨이는 해안을 따라 길게 북극까지 뻗은 지형이다. 일찍부터 바이킹의 모험심과 바다 저편에 있는 세계에 대한 동경심으로 세계적인 탐험가들이 많이 배출되었다. 밤이 없는 여름은 어둠을 모르는 백야의 나라다. 풍부한 지하자원을 개발하여 석유 생산량이 세계 3위를 차지한다. 또한 세계 원양 선박의 2할을 보유하고 통제한다고 한다. 유조선이나 LNG선과 같은 최신형 선박을 많이 발주하여, 고도의 조선 기술을 많이 보유한 우리나라의 조선사들은 물량 확보를 위해 오슬로에 상담원들을 상주시키고 있다.

국토 면적은 한반도의 1.5배에 인구는 오백만 명에 불과하니 얼마나 여유로운 환경인지 모른다. 1인당 국민소득이 3만 5천 불이나 되는 경제적 선진국이다. 요람에서부터 의료, 교육을 무료로 제공하는 지상 낙원이다. 그러나 소득의 7할을 세금으로 거두어들이는 사회주의 국가와 다름없다. 젊고 건강할 때 열심히 벌어서 알뜰하게 저축을 해야만 노후에는 안정된 삶을 누릴 수 있다는 사회 정서여서 우리 정서와는 사뭇 다르다.

통제된 사회에서 자기 위주로 살다보니 거만하고 이기주의적 성격의 소유자로 보인다. 경쟁이 없는 사회에서 하고 싶은 일을 하고 살 수만 있다면 누구나 꿈꾸는 유토피아가 아닌가.

하지만 유토피아에 가깝다고 하는 노르웨이가 아이러니하게도 자살률이 높은 까닭은 무엇인가. 지나친 풍요가 삶을 쉽게 체념하게 하는 것이 아닐까. 지나친 경쟁으로 자살률이 높은 우리나라의 경우와는 빛깔은 다르지만 결과는 비슷하다. 둘의 공통점은 정신적인 기갈과 영혼의 결핍이라 생각된다. 우리 모두가 바라는 유토피아를 찾아 계속해서 북쪽으로 가는 길은 아마도 북망산천을 향하여 가는 길인지도 모른다.

8월에 핀 아카시아 꽃

네 살배기와 같이 걷는 길

"진해는 참 좋은 곳이여!"

허스키한 목소리로 입버릇처럼 중얼거리는 네 살배기 친구가 있다.

예순 나이를 지나가고 있는 중·고등학교 동창 넷이서 일요일마다 등산을 한다. 진해만을 감싸고 펼쳐진 장복산을 시작으로 천자봉을 잇는 스물세 갈래의 능선 길. 안민고개의 생태다리에서 출발하여 웅천의 백일마을 뒷산까지 연결되는 자갈길 13km의 잘 가꾸어진 임도. 모두가 걸어가면서 즐길 수 있는 삼림욕장이다. 진해는 오래된 군사도시여서 시야를 가로막는 높은 건물이 없다. 산으로 조금씩만 올라도 훤히 내려다 보이는 다도해가 가슴까지 시원하다.

 늘 바쁘다는 핑계로 그저 쳐다만 보던 산이었다. 이른바 그네 살배기는 젊은 날, 시쳇말로 잘나가던 친구였다. 대부분의 사람들과 마찬가지로 좋은 시절, 그 양지는 오랫동안 지속될 것으로 착각하였다. 사람 사귀는 것을 좋아하여 술을 많이 마시고 담배도 원 없이 피우면서 건강에는 늘 자신감이 넘쳤다. 그러던 어느 날, 신장 암이라는 몹쓸 병으로 큰 수술을 두 번이나 받고 회복 중이다. 죽을 고비를 넘기고 다시 태어난 지 3년이 지났으니 스스로 네 살배기라고 불러주기를 원한다. 경제적으로도 별로 넉넉하지 못하다. 살아 있다는 것만으로도 늘 고마움을 느끼며 친구들의 권유로 진해시민이 된 지가 1년 가까이 되었다.

 처음에는 집 가까운 자은 본동 뒤 시루샘터까지의 오르막을 걷는 것에 만족하며 건강을 되찾기로 다짐하였다. 횟수를 거듭할수록 산은 우리들을 반기며 산을 타는 매력에 빠져 들게 하였다. 진해는 자연 생태적 나무들도 많지만 인공적으로 잘 가꾸어진 조림목이 더욱 장관을 이루고 있다. 일행 중 한 친구는 공직을 일찍이 그만두고 조경수를 가꾸는 일을 하여, 지금은 가히 그 전문적인 식견이 '움직이는 식물도감'으로 착각할 정도다. 우리 고장에 자생하는 식물에 관한 설명을 관심

있게 들으며 메모하면서 걷는 재미도 쏠쏠하다.

천자봉 아래 만장대 부근은 화살나무의 군락지다. 새해 해돋이 행사에 몇 번 다녀왔지만 그때는 한겨울이고 나무에 관한 상식이 없어 그 존재도 확인할 수 없었다. 화살나무의 덩치는 그렇게 크지는 않지만 가지의 생김새가 화살의 끝 모양 같아서 쉽게 이름을 기억할 수 있다. 등산길에 새순을 뜯는 아낙을 만났다. 봄에 홀잎(화살나무잎)나물 세 번 뜯어 먹으면 부지런한 며느리로 칭찬받는다고 한다. 가을이면 단풍과 주홍색 열매가 좋아 관상용으로 많이 심는다.

이른 봄에 산수유나무로 혼동하기 쉬운 알싸하고 향긋한 노란 동백꽃 냄새가 나는 생강나무도 있다. 노란색의 작은 꽃이 여러 개로 뭉쳐서 필 때는 일행들의 발걸음은 꽃의 유혹에 잠시 머뭇거린다. 골짝마다 분포되어 있는 생강나무는 엄동설한에도 가지를 꺾어 씹으면 생강 맛이 난다. 꽃이 진 후에 나오는 어린잎이 참새 혓바닥만큼 자랐을 때 말렸다가 차로 마시기도 하는데, 참새 혓바닥같이 생겼다고 해서 작설雀舌차라고도 한다. 또한 잎을 말려 나물로 먹기도 한다. 생강나무는 타박상이나 어혈, 멍들고 삔 데 신통한 효력이 있다고 한다. 예사롭게 생각한 풀과 나무들이 사시사철 인간에게 보은을 하면서 살아간다.

멀리서 바라보면 진해의 봄 산은 색의 마술사 같다. 벚꽃이 활짝 피면 연분홍색 운무가 어느새 엷은 잎사귀마다 뿜어 나와 연둣빛 물감으로 덧칠한다. 계절의 감각에 채 익숙하기도 전에 초록의 캔버스를 온통 검정색으로 물들인다. 녹음이 짙게 우거진 능선 길에는 가끔 역겨울 정도로 짙은 향수와 같은 꽃송이를 만날 때가 있다. 누구랄 것도 없이 그 꽃의 향기를 오랫동안 간직하고 싶은 욕구를 뿌리치지 못하고 자신도 모르게 꽃송이를 꺾어서 향기에 취해 보려 한다.

머나먼 인생길에서도 젊음의 계절에는 왕성한 끼를 마음껏 발산하면서 겁 없이 도전할 때도 있었다. 무한경쟁 속에서 하는 일이 힘들고 어려울 때는 잠시 움츠렸다가도 그 일이 생각보다 쉽게 풀린다고 느낄 때는 상대에게 아무런 배려도 없이 제 세상을 만난 듯이 도취하여 까불 때도 없지 않았다.

지나간 세상사 모두 잊고 철쭉이 흐드러지게 피어 있는 아름다운 임도를 걷는 네 살배기 친구는 마냥 즐겁다. 네 살배기와 봄 속을 걸었던 그 길은 계속 이어질 것이다.

"진해는 참 좋은 곳이여?"

8월에 핀 아카시아 꽃

 한여름에는 뙤약볕을 피하여 이른 아침에 산책을 한다. 능선 길을 따라 30분 정도 오르막으로 올라가면 산허리에 신작로가 좌우로 빤히 열려 있다. 편편한 자갈길로 양쪽에는 풀꽃과 나무들이 이슬을 머금고 싱싱한 자태를 뽐내며 어우러져 있다. 산림을 보호하기 위해 길을 낸 지가 10년이 넘었다. 시에서 근로자들을 모아 잘 가꾸어 놓은 숲길이다.

 조그만 암자가 있는 청룡사 입구까지 안개 속에 희미하게 나타나는 향나무 숲 속을 걷다 보면 반 시간 정도 더 걸린다. 전망이 좋은 곳에 정자가 먼저 자리를 잡고 있다. 가까이서 내려다보는 진해만은 아침 햇살을 머금고 빤짝이는 황금 알을 품은 둥지와 같다.

　이웃의 마산, 창원에 사는 친구들은 장복터널과 안민터널이 뚫리기 전의 진해를 기억한다. 오래된 마산의 동창들은 아직도 이방인들만 모여 사는 군사도시로 알고 있다. 진해의 깨끗하고 아름다운 자연환경과 함께 적당한 운동량의 산책코스가 노후에 생활하기로는 참 좋은 곳이라며 은근히 자랑하면 누구랄 것도 없이 "니가 언제부터 진해 사람이 됐노!" 하고 화살을 마구 날려 보낸다. 있던 자리에서 안주하며 살아가는 그 사람들의 애향심이라고 생각하며 웃어넘긴다.

　모임이 있을 때는 건강을 핑계로 일찍 도망치다시피 하는 것도 의지가 강해야 한다. 타고난 건강 체질이 아니면 예순 나이에는 남모르는 지병 하나쯤 지니고 사는 것이 보통이다. 대부분의 사람들은 자존심 때문에 약점의 노출을 꺼려 한다. 가장 어려운 것은 자기와의 싸움이다. 내가 나를 넘어서지 못하면 그 밖에 다른 어떤 것도 넘어설 수 없다. 나는 지병과 더불어 살면서 건강한 본래의 모습을 되찾기 위해 산책길을 부지런히 걷는다. 인생을 마라톤 경주에 비유해 본다. 반환점을 겨우 돌아선 시점에서 넘치는 삶의 욕구를 조절하지 못하고 그만 낙오자가 된 느낌이다. 좋은 성적은 얻지 못해도 코스의 완주를 위해 갓길을 친구와 함께 걸으면서 사색한다.

법정 잠언집 《살아 있다는 것은 다 행복하라》에서 빌려온 글이다.

> 풀과 나무들은
> 있는 그대로 그 모습을 드러내면서
> 생명의 신비를 꽃피운다.
> 자기 자신의 생각과 감정을
> 자신들의 분수에 맞도록 열어 보인다.

이른 아침 동이 트면 이슬을 머금은 풀꽃들도 자기만의 독특한 향기를 내뿜는다. 자부심으로 채워 진 인간 군상들의 모습과는 달리 주어진 환경에 순응하면서 사는 것 같아 보인다. 평탄한 인생길 같은 임도를 걷는 길에 색다른 나무 한 그루를 발견하였다. 때가 아닌데도 어디선가 비릿하고 향긋한 아카시아 향을 만날 수 있어 주위를 두리번거렸다. 산사태로 누른 황토가 약간 물러앉은 언덕배기에 중치 정도의 아카시아 나무가 뿌리를 힘겹게 묻고 비스듬히 서 있었다.

억척스럽게 생명을 연장하며 살아가는 모습이다. 영양분을 골고루 섭취하지 못해 꽃봉오리와 활짝 핀 꽃송이, 다양한 아카시아 꽃 뭉치를 한 나무에 다정스럽게 달고 있었다. 비록 뿌리는 정상적인 토양에서 자양분을 얻지는 못하지만 아침 햇살에 비친 꽃송이는 환하게 웃으며 행복한 표정이었다. 이 야생으로 피어난 아카시아 꽃의 꽃말이 '우정'이라니 우리의 처지를 대변하는 것 같았다. 8월에 만나는 아카시아 향은 제철 오월에 만난 꽃내음보다 더욱 향기로웠다. 인간도 천재지변으로 발생하는 자연재해나 잘못된 생활 습관과 실수로 언제라도 상처를 입을 수 있다. 그 상처는 치유하려는 굳은 의지만 있으면 완전 회복은 어렵겠지만 좋은 결실을 거둘 수 있을 것이다.

아카시아 나무는 뿌리가 잘 뻗어 내려, 토질이 연약한 지반에 산사태를 방지하기 위해 심는 번식력이 강한 수목이다. 산사태가 일어난 곳을 빨리 복구하여 나무가 지닌 본래의 생명력으로 산을 재생시키는 소중한 나무다. 근래에 와서는 다른 수종으로 많이 교체를 했지만 아직 우리 산에는 많이 자란다. 이곳을 지나다 오월이 아닌 8월에 핀 아카시아를 만난 것이 우연은 아닌 듯하다.

오늘 이 8월에 아카시아는 피어야 할 이유가 있을 것이고, 그 향기를 맡았기에 사색하며 이런 글을 쓸 수 있는 것이다. 이런 발견을 소중히 여기고 싶다. 있어야 할 곳에 있는 것이 아름답듯이 제철에 피는 꽃만큼 아름다운 게 또 있으랴. 내년

5월 이곳에서 소담스럽게 핀 하얀 꽃송이를 만나고 싶다. 아카시아 꽃에서 꿀을 얻기 위해 찾아든 꿀벌들의 풍성한 잔치가 기다려진다.

꽃과 새참

　지난겨울은 유난히 춥고 길었다. 눈도 많이 내렸다. 꽃들은 엄동설한에 정신을 잃고 개화시기를 잊었는지 꽃을 기다리는 초로의 마음을 설레이게 한다. 고을마다 꽃 피는 시기에 맞추어 매화 축제, 벚꽃 축제, 진달래 축제, 철쭉제와 같이 꽃을 앞세워 잔치 한마당을 준비한다.

　그중에서도 가장 먼저 봄을 알리는 매화 축제를 놓칠세라 섬진강 물줄기를 따라 광양까지 바쁘게 달려갔다. 매화꽃 봉오리는 아직 꼼짝도 않고 가지만 찬바람에 움츠리며 떨고 있다. 양지바른 곳에는 콕콕 찌르는 햇살이 따가워 꽃잎이 눈을 뜨다 다시 감는다. 어쩌다 활짝 핀 나무에는 꽃잎보다도 더 많은 상춘객이 눈을 맞춘다.

이곳 광양 다압 매화마을의 꽃들은 옛 선비들이 표현한 매화와는 거리가 있다. 언뜻 눈 속에서 핀 한 그루 기품 있는 홍매를 연상하기에는 무리가 있다. 매화는 한 그루로도 오롯이 주변 풍경을 지배한다. 그런데 이곳 농원에는 매화나무가 지천이다. 너무 많으면 고고함과 희소성이 떨어진다. 벚꽃과 매화는 피는 모습이 달라야 한다는 생각을 하며 차를 돌려 진해로 왔다.

진해의 군항제도 벚꽃이 피는 시기와 축제를 맞추느라 일정을 두 번이나 연장하였다. 4월도 중순에 가까워서야 개나리부터 목련, 진달래, 벚꽃이 합창이라도 하는 듯이 모두 함께 입을 벌린다. 꽃들의 합창은 요란하다. 봄이라는 이름으로 잘 짜여진 오케스트라가 연주하는 소리다. 보고 듣는 관객들의 가슴속에 와 닿는 화음에 정신이 혼미하다. 갑자기 들이닥친 꽃물결은 썰물처럼 지나가 금방 연초록빛 물감으로 덧칠한다. 우리 조상들이 신록과 꽃이 아우러진 봄의 산을 보면서 활짝 웃는다고 표현한 옛 시조 한 수를 흥얼거려 본다.

도화桃花는 말없이 소 춘풍笑春風하나다
만산홍록萬山紅綠이 휘둘러져 웃는고야

두어라 봄날이 며칠이랴! 꽃들이여 웃을 대로 웃어라.

　예나 지금이나 봄날은 생각보다 빨리 지나간다. 이를 아쉬워하고 있다.

　올여름은 길고 무더울 것이라는 예고가 있더니 벌써 봄이 실종되고 말았다. 소리 없이 지나가는 봄을 잠시라도 붙들어 보려고 벗들과 함께 가끔 주중에 교외를 드라이버하면서 사색한다. 농번기의 농촌 들녘은 바쁜 농부의 일손과는 대조적으로 한적하다. 올해는 과수 꽃들도 무엇이 그렇게도 급한지 하얀 복사꽃, 배꽃, 사과 꽃도 피고 지는 시차를 가질 만한 여유가 없는 모양이다. 모두들 의논이라도 한 듯이 양지바른 동산마다 하얀 솜이불을 나란히 걸쳐 놓았다.

　인근의 밀양으로 가는 지방도로 길가에는 희고 투명한 비닐하우스 천국이다. 재배하는 농작물도 다양하다. 수박과 참외가 주종이다. 봄 가운데로 달리는 차창 너머로 가끔 고추를 재배하는 하우스들도 가까이 다가와 볼 수 있다. 무슨 연유인지는 모르지만 고추하우스 옆에는 보리가 심어져 있다. 키는 작지만 조생종 보리가 넌출하게 피어 바람에 출렁거린다. 파랗게 펼쳐진 보리밭 사이에서 생산되는 크고 싱싱한 고추를 보는 순간 일행 중에 한 사람이 넌지시 던지는 농담이 폭소를 자아낸다.

"요새 새참 좀 묵소?"

 같은 말이라도 나이에 따라 다른 여운을 준다. 오십 대인 친구들이 느끼는 새참의 의미는 받아들이는 분위기에 따라 맛깔이 다르다.

 추억 속의 60년대를 거슬러 올라가 본다. 한참 먹으면서 자라야 할 때지만 보리가 필 즈음에는 끼니로 배를 채울 양식이 없었다. 흔히들 말하는 보릿고개였다. 인적이 드문 야산이나 들녘에서 무성하게 자란 쑥이나 산나물이라도 뜯어와 삶아서 굶주린 배를 채우며 끼니를 해결하였다. 쑥을 밀가루와 버무린 쑥털털이는 한 끼를 넘기는 좋은 식사였다. 그것마저도 많은 식구들의 허기를 달래기는 늘 부족하였다.

 간식으로 이른 봄부터 산이나 들에서 뛰어놀며 스스로 배고픔을 해소하였다. 이른 봄 칡뿌리에서 참꽃 이파리, 솔순, 아카시아 꽃, 산딸기, 새순으로 돋아나는 이름 모를 풀꽃들이 좋은 간식거리였다. 어릴 적부터 건강식만 찾아서 먹은 셈이다. 뭐니 뭐니 해도 농부들의 맛있는 새참은 땀 흘려 일한 뒤에 마시는 막걸리 한 사발이 허기를 더는 데는 제격이다.

 친구가 전하는 새참은 봄날을 아름답게 수놓던 꽃잎이 져서 땅에 떨어지듯 더 늦기 전에 사랑의 대상을 찾았는가를 물어보는 말이다.

  평범한 일상을 잠시 동안 벗어나 자연과 더불어 대화하는 기분도 생활의 간식이다. 환경과 분위기에 맞추어 반짝하는 아이디어로 활짝 웃을 수 있는 농담도 일상에서의 맛있는 새참이다. 새참은 끼니와 바꿀 수는 없지만 그 달콤한 맛을 그리워하면서 즐긴다. 오늘도 꽃들의 환희와 함께 춤추며 봄 속을 달리는 오십 대의 마음은 오월의 젊음을 노래한다.

  "두어라 봄날이 며칠이랴! 꽃들이여 웃을 대로 웃어라."

행복했던 순간

 장마철이다. 비가 올 때는 가끔 양동이로 퍼붓듯이 내린다. 천둥, 번개를 동반한 강한 바람도 분다. 기상대가 언제쯤 비가 멈춘다는 시점을 알려 주기에 맑은 날을 기다린다. 어릴 적에는 넓은 들판에서 뛰놀거나 개울에서 멱을 감고 놀다 먹구름이 나타나 갑자기 소나기가 쏟아질 때가 있었다. 번개와 함께 천둥소리 때문에 불안하여 가까운 짚동 사이에 몸을 숨기곤 하였다. 기후 변화에 대한 상식과 경험이 없었기에 언제 그칠지 알 수 없었다. 이제는 날씨가 좋아진다는 기대감으로 마음의 평온을 찾는다.
 나는 행복하다. 행복이라는 가슴 뭉클한 단어가 아직은 낯설기만 하다. 행복하게 산다는 것이 무엇인지는 감도 잘 안 잡힌다. 많은 사람들이 생각하는 행복한 삶은 마음이 편안한 상태를 의미할 것이다. 천지가 무너질 것 같은 어려움이 닥쳐도 시간이 지나면 해결해 준다. 그것도 모르고 오랫동안 고뇌하고 아쉬워하였다.

사람에게는 일생 동안에 세 번의 기회가 주어진다고 한다. 대부분은 자신도 모르게 지나쳐버리거나 기회가 와도 놓치게 된다. 결정을 잘 못하거나 기회를 포착하지 못해 아쉬워할 때가 있다. 그런 세월도 지나고 나면 전화위복轉禍爲福이 된다. 그 순간의 잘못된 판단에 도리어 감사를 느낄 때가 있다. 이제 굴곡의 내 삶도 회갑년을 맞이하였다. 지난날의 부끄럽고 아픈 흉터가 도리어 축복과 감사의 시간이었다.

야간 고등학교를 다니면서 낮에는 전기공사업체에서 일하며 틈틈이 전기에 관한 공부를 독학으로 하였다. 야간학교는 화학과 한 반뿐이었다. 선택의 여지가 없었다. 사회에 첫발을 내디디는 직장은 타일을 생산하는 공장이었다. 화학을 전공한 사람이 대접을 받는 곳이었다. 등 너머로 배운 전기 이론으로 과연 경쟁이 심한 입사시험에 합격을 할 수 있을지 고민하였다. 장래를 봐서는 그나마 전기기술이 희망이라는 생각으로 수험준비를 하였다.

당시 시험문제는 대부분 주관식으로 출제되었다. 전기의 이론이나 실기에서 가장 기본이 되는 것은 접지라는 생각으로 접지에 관한 문제는 달달 외웠다. 운이 좋게도 그 문제가 입사시험과 추후에 전기기술자 자격시험에도 그대로 나와서 합격하였다. 일생 동안에 전기쟁이로 살아가는 기회가 되었다.

어렵사리 지방 방송사에 입사를 하여 방송 종사자로 10여 년 근무를 하며 어느 직종보다도 좋은 대우를 받았다. 그러다 무난하게 생활할 수 있는 직장을 그만두고 장래의 보장도 없는 장사꾼으로 변신을 하였다. 주위의 만류를 뿌리치고 전기공사업으로 새로운 길을 나선 것이다. 1, 2차 오일 쇼크와 IMF와 같은 경제의 물줄기가 역류를 할 때는 호수같이 잔잔하게 살아가는 친정이 그리울 때도 있었다. 선장의 착오로 한 배를 타고 가는 선원들의 신상에 문제가 생길까 노심초사하였다. 물줄기는 가끔 생각지도 않은 암초에 부딪쳐 허우적거릴 때도 있었다. 힘겨운 장사꾼의 세월도 안정된 샐러리맨과 같이 흘렀다. 이제는 또래의 동료나 친구들도 대부분 정년퇴직을 하였다. 넓은 바다에서 다시 만나 지난날을 추억하며 행복을 그린다.

누구나 고향을 떠나야만 인간관계에서 오는 구속을 벗어날 수 있다. 40여 년을 살아왔던 고향, 마산에서 아무런 연고도 없는 진해로 사업장을 따라 가정도 이사할 때는 기대와 우려로 만감이 교차하였다.

 건설업의 생리生理는 일이 계속 연결되어야 한다. 한동안 공사를 많이 하여 이윤이 있었던 업체도 기초 체력이 탄탄하지 못하면 유지하기가 어렵다. 나 역시 예외가 아니었다. 제법 잘나가던 사업체도 한 단계 업그레이드가 필요하였고, 그러다 보니 자연 비실거리는 처지가 되었다.

 그러던 차에 업계의 선배께서 진해에 소재지 옮기기를 주선해 주셨다. 그 결정으로 오늘 행복이라는 단어로 글을 쓰고 있는 것이다.

 생존경쟁의 사회에서 가장 큰 덕목은 신뢰였다. 협회에서 만난 선배에게 얻은 믿음 덕을 톡톡히 본 셈이다. 산천이 두 번이나 바뀌었어도 그 고마움을 잊지 않고 살아가고 있다. 전기공사업 1종 면허가 씨앗이 되어 낯설은 토양에서 부지런을 떨며 경작하는 농부가 될 수 있었다. 비록 으스대는 농기계는 가지지 못했지만 전기공사업 면허 하나로 황무지를 옥토로 바꾸었으니 얼마나 다행한 일인가. 고진감래苦盡甘來라고 하였던가? 강력한 태풍이 우리 지방을 두 차례나 휩쓸고 지나갔다. 강한 바람에 넘어진 전봇대를 복구한 대가로 경영정상화를 이루었다.

세 번의 고비를 넘겨서 사업이 어느 정도 안정을 찾았을 때는 건강을 잃게 되었다. 즐겨 마시던 술과도 멀어져야만 했다. 옛사랑을 잃은 지금은 무슨 재미로 사느냐고 묻는다. 진해의 아름다운 자연과 어우러져 생활한다고 대답한다. 하나를 잃고 하나를 얻었으니 생각해 보면 결코 밑지는 장사는 아니었다.

인생 사이클에는 크고 작은 내리막과 오르막이 반복된다. 살아온 추억을 담을 수 있는 문학이라는 그릇이 있어 더 행복하다. 천둥 번개와 세찬 비바람이 제아무리 몰아쳐도 언젠가는 먹구름 사이로 햇볕은 내리쬘 것이니….

철을 잊은 목련

　내 둥지에 자라는 꽃나무들은 아무래도 주인을 잘못 만난 것 같다. 특별한 애정이나 관심을 기울이지 않으면서, 때가 되면 그 봄꽃을 바라보며 아름다움을 노래하기란 어색하고 조금은 미안하다. 화단을 조성할 때부터 욕심이 많아 작은 공간이지만 여러 종류의 나무들을 빼곡히 심어 놓았다. 그렇게 엉성하고 무질서한 속에서도 자세히 보면 저들끼리 묘한 미적 질서를 유지하고 있다. 그래서 다양한 글감도 얻을 수 있다.
　해마다 맞이하는 봄이라도 주위환경의 변화와 기후에 따라 꽃과 잎이 피고 지면서 열매를 맺는 모습도 차이가 있다. 부지런히 가꾸고 보살피면 나무들의 아픈 곳까지 찾아서 치유하고 대화도 나눌 수 있을 것 같은 느낌이 든다.

시기는 달라도 봄꽃은 순서대로 핀다. 매화, 목련, 천리향, 벚꽃, 철쭉 등 그들은 겨우내 기온을 잘 감지한다. 누가 꽃 피는 시기를 알려주지 않아도 때를 놓치지 않는다. 봄을 알리는 화신花信은 언제나 눈치 빠른 매화나무부터 찾는다. 매화는 봄을 시샘하는 꽃샘추위도 아랑곳하지 않는다. 만물이 움츠리고 있지만 누가 볼까봐 살짝이 꽃망울을 감추고 있다가 날씨가 조금만 풀렸다고 느낄 때는 금방이라도 하얀 꽃잎을 활짝 피운다. 나 보란 듯이 며칠 사이에 방긋방긋 웃는 모습이 반갑다 못해 얄미울 정도다. 작고 깜직한 꽃잎을 화끈하게 보여 주고는 금방 시들어 버린다.

대신 목련은 좀 더디다. 봄이 왔다고 일찍부터 봄바람이 흔들어 깨워 보지만 쉽게 일어나지 않는 게으름뱅이다. 늘 남의 눈치만 보고 수줍은 듯하지만 미소 짓는 얼굴은 아무래도 조금은 어리석어 보인다. 올해는 목련꽃이 활짝 피지도 못하고 보드랍고 하얀 속살에 누렇게 상처만 입었다. 36년 만에 찾아왔다는 경칩 추위는 매서웠다. 따뜻했던 지난겨울 덕분에 봄이 너무 일찍 왔다고 벚꽃들의 향연인 군항제 날짜도 조정을 하였다. 철부지 꽃들에게 시련이 닥친 셈이다.

> 서둘러 꽃망울 터뜨린 목련이 애처롭다.
> 시커멓게 얼어버린 꽃잎
> 멍든 가슴에 피어난 황홀한 사랑인가
> 깃발 되어 펄럭이는 하얗게 바랜 영혼
> 그리움의 옷자락이 찢어질 때까지
> 바람아, 바람아 더 세게 불어라.

목진숙 시인은 〈꽃샘바람〉에서 서둘러 피우려다 세찬 바람에 피워 보지도 못하고 시들어 떨어지는 목련 꽃잎을 보면서 안타까움을 노래하였다. 우아한 자태를 뽐내며 둥지에 봄기운을 따사로이 품고 서 있어야 할 목련꽃이 삭풍을 못 견디고 그만 땅바닥으로 떨어져 버렸다. 낱낱이 떨어지는 꽃잎을 보노라니, 이미 잊혔던 젊은 죽음이 생각난다.

"오, 내 사랑 목련화야"로 시작되는 우리 가곡 〈목련화〉를 1970년대에 까만 연미복에 나비넥타이를 메고 고운 음성으로 멋지게 부르던 테너 엄정행, 예전에는 가끔 지방의 텔레비전 방송 프로에서도 볼 수 있었던 추억 속의 화면이었다.

동네 어귀에 피어 있는 목련꽃을 배경으로 엄정행 씨가 열창을 하면, 담장 너머에서 그 표정을 놓치지 않고 화면에 담기 위해 열심히 워킹을 하지만, 카메라맨으로서 테크닉의 부족함을 절감하였다.

특별한 프로그램이 아니면 3대의 카메라로 녹화를 한다. 카메라맨 중에는 일에 욕심이 많고 무리한 예술적 가치를 추구하는 친구가 있었다. 좋은 작품을 만들기 위한 욕구가 각자의 능력보다 클 때, 때로는 동료끼리도 시비를 하게 된다. 그는 늘 자신만이 최고라는 우월감으로 방송기술의 이론과 실기에 관한 공부도 남보다 열심이었다. 일찍이 문학적 재능도 뛰어나 중앙의 일간지 신춘문예에서 희곡부문 신인상에 당선되기도 하였다.

조직사회인 직장에서는 동료들끼리도 선의의 경쟁심이 있어야 발전하지만 타협하고 화합하는 것이 가장 큰 덕목일 것이다. 방송이라는 특수성을 감안하더라도 좋은 작품을 위한 아집은, 프로듀서나 기자들에게는 선택의 대상이었지만 동료들한테는 별로 달갑잖은 상대였다.

그런 세월이 오랫동안 지난 후에 일어난 일이다. 그는 어느 회사의 선전용 영상물을 촬영하는 일을 부업으로 맡아서 하였다. 안전하지 못한 장비와 상황의 어려움 등 작업 여건을 감안하지 않고, 좋은 작품을 만들려는 욕심이 너무 앞서 그만 고공 크레인에서 추락하여 40대의 젊은 나이에 생을 마감하였다.

 아까운 인재를 잃은 슬픔은 너무도 컸다. 그 뒤에 일을 수습하는 과정도 어려웠을 뿐만 아니라 유족들 삶의 후유증은 너무나 아프고 오래도록 지속되었다.

 지나친 욕심으로 한꺼번에 많은 것을 충족시키려는 조급한 생각은 화를 부를 수 있다. 젊은 날, 명문학교를 나와 좋은 직장을 얻고 보면 모든 일이 자기 뜻대로 될 것같이 쉽게 생각되지만 그렇게 호락호락하지 않는 것이 세상사다. 누구에게라도 삶의 무게는 비슷한 것이다. 삭풍에 일찍 져버린 목련처럼 안타까운 젊은 목숨은 그렇게 사라져갔다.

 올해는 목련꽃을 피우지 못한 아쉬움 때문인지 나뭇잎이 여느 해보다 더 무성하게 주위를 감싸고 있다. 올겨울 싸늘한 아스팔트에 무성했던 그 낙엽이 구르는 소리는 얼마나 더 크게 들릴까!

스승과 함께 걷는 길

 나는 행운아다. 참스승을 찾아보기 힘든 세상이라고 한다. 두터운 정情도 나누면서 삶의 지혜도 배울 수 있는 스승이 가까이 있으니 행운이다. 누구라도 인생에서 큰 사이클을 한 바퀴 도는 동안 잊을 수 없는 스승이 있을 것이다. 평생토록 생계 부담 없이 살 수 있는 전기 기술자 자격증을 얻게 된 고마운 사연이 있다.

 전기라는 교과목 강의는 한 번도 들어본 경험이 없었다. 독학으로 열심히만 하면 자격시험에 합격할 수 있다는 생각으로 무모한 도전을 하였다. 주관식이었던 예상문제집을 몇 권이고 모두 외웠다. 몇 해 동안 수험준비를 하였지만 기초가 없이는 물거품이었다. 이듬해인 1971년 K전문대학의 전기과에 늦게나마 입학을 하면서 스승을 만났다.

나와 비슷한 처지로 직장에 다니면서 공부하는 김재구라는 친구가 있었다. 스승은, 기초가 다져진 그 친구의 실력에 비하면 아무래도 합격이 어렵다는 지적이었다.

"재구는 모르겠지만 니는 이번에 합격할 꿈도 꾸지 마라."

그 순간 너무나 황당하였다. 기초부터 다시 시작하면서 미쳐야 된다는 생각으로 최선을 다하였다. 스승의 충격적인 고언 덕분에 친구와 동반 합격을 하였다. 진솔하게 상대방을 감동시킬 수 있는 말이나 글은 어떤 물리적인 힘보다도 더 크게 작용하였다. 그 고마움을 오래도록 잊지 않고 살아간다.

마산 수출자유지역과 창원 기계공단이 조성되면서 기술자들이 대접받는 때가 왔다. 자격증을 가진 전기 기술자가 수요를 따라가지 못할 정도로 부족하였다. 이듬해부터 또래의 학생들도 자격시험에 많이 합격하여 기술자로 배출되었다. 그래도 기술인이 모자라 상시 근무를 하지 않고도 보상을 받는 제도가 지금까지 이어져 오고 있다.

한 시절 세상의 모두를 얻은 것같이 마산의 오동동 골목을 헤매고 다녔다. 가끔 스승과 함께하는 술자리에서 제자들의 안부나 직장의 분위기를 전하면서 회포를 풀었다. 밤늦도록 술을 마셔도 다음 날 강의는 조금도 흐트러지지 않을 만큼 자기관리를 철저히 하였다. 오랜만에 만난 많은 제자들을 일일이 기억하며 이름을 불러주는 스승의 살가운 모습은 내 삶의 귀감이었다.

"비싼 술을 마시면 술값 좀 해라"며 좌중을 늘 흥겨운 분위기로 만들었다. 평소 점잖은 처세와는 다소 색다른 행동 같지만 일상에 묻어 있는 스트레스를 해소하기 위한 처방이었다. 가깝게 지내던 친구 가운데 사오십 대에 건강을 잃고 먼 세상으로 떠난 사람이 더러 있다. 그들은 대체로 의지가 약하며 굽힐 줄도 모르고 자존심이 강한 성격의 소유자였다. 당신은 그렇게 살아서는 안 된다며 먼저 간 친구들을 반면교사反面教師로 삼으라 하셨다.

요즈음은 새로운 분야의 스승들을 만나고 있다. 지방자치단체와 대학이 연계한 평생교육원 수필전문반에서 만난 문학의 스승에게는 척박한 황무지에 밭을 일궈서 농사를 짓는 삶의 근본을 배운다. 문학 농사도 알곡을 거두려면 강의를 듣는 세월만큼 소출이 나올 것 같다. 맛깔스럽고 곰삭은 글맛을 내려는 욕심에 또 다른 스승을 만나러 나섰다. 진해에 있는 다른 평생교육원에서 역학易學을 배우고 있다.

"삼인행필유아사三人行必有我師"

논어에서 나오는 이 말은 "세 사람이 길을 가면 반드시 그 중에 나의 스승이 있다"는 뜻이다.

농장을 하는 친구와 어울려 주말산행을 한다. 친구는 등산용 지팡이로 계절마다 피어나는 풀꽃들을 하나씩 짚어가며 이름과 생태에 관한 이야기를 들려준다. 가을 들판 길섶에는 잎과 줄기의 생김새가 비슷해서 이름도 닮은 풀꽃이 있다. "며느리밑씻개"는 깜찍하고 작은 꽃들이 무리지어 피어 있다. "며느리배꼽"은 깜장 열매가 잎 끝에 달려 있다. 덤불로 번식을 하지만 서로는 어느 정도의 간격을 두고 생존한다.

하찮은 풀꽃이지만 질서를 유지하면서 조화롭게 살아간다. 큰 나무들이 많은 숲에서는 햇빛을 보지 못하여 작은 풀꽃들이 살아가지 못할 것 같지만, 키 작은 음지 식물들이 새파랗게 땅을 덮고 있다. 시원한 그늘이 되고 삭풍이 불어와도 바람막이가 되어 줄 큰 스승한테도 많은 제자들이 모여든다. 머나먼 인생길을 동행하는 친구도 나의 스승이고 자연도 나의 스승이다.

우리는 모두 누군가의 제자이고 누군가의 스승이다. 누군가에게는 인생의 가르침을 받는 제자가 되고 누군가에게는 인생의 가르침을 주는 스승이 된다.

대추나무 도장

　세상에서 뭐든지 쉽게 얻으려는 생각은 어리석다. 물질적인 것도 그렇지만 글짓기의 소재는 부지런히 발품을 팔아야만 겨우 찾을 수 있다. 걷거나 여행을 하면서 일상에서 잠시라도 벗어나야 얻어지는 셈이다. 환절기 여행은 계절감각을 느끼면서 자연과 교감할 수가 있어서 좋다. 올봄에는 유난히 비가 잦다. 벗과 함께 봄 마중을 나설 날을 어렵사리 잡으면 날씨가 심술을 부려서 사달 나기가 일쑤였다.

　오랜만에 나선 길이라 담양에서 하룻밤을 묵고 왔다. 담양은 정각亭閣이 많고 대나무로 유명한 고장이다. 콩나물 농사를 하는 친구와 떠난 여행은 해 질 무렵에야 소쇄원에 도착하였다. 광주시 무등산 북쪽 산자락에는 광주호를 가운데 두고 소쇄원, 식영정, 환벽당, 취가정이라는 조선시대의 정각들이 자리 잡고 있었다. 활짝 핀 매화꽃을 시샘하는 추위 때문인지 주차장이 한없이 넓어 보였다. 소쇄원은 현존하는 원림園林 중에서는 풍광이 으뜸이라 하지만 관람료를 받기에는 조금 작아 보이는 골짜기였다.

이튿날 아침 일찍 담양읍에 있는 죽록원을 찾았다. 죽록원은 대나무 숲 사이로 여덟 갈래의 산책길이 나누어서 정감 어린 이름들이 새겨져 있었다. 푸른 댓잎을 통과해서 쏟아지는 아침 햇살을 받은 '운수대통길'과 '추억의 샛길'을 걷는 나그네들의 표정은 무척 행복해 보였다.

여느 유원지나 마찬가지로 죽록원 입구에는 먹을거리와 기념품 행상들이 즐비해 있었다. 그중에 조금 색다른 모양의 도장들이 가지런하게 진열된 코너가 한눈에 들어왔다. 요즘은 컴퓨터 화면으로 이름의 문양과 크기를 선택하여 도장이 새겨진다고 한다. 도장의 쓰임새가 예전만 못하지만 벼락을 맞은 대추나무 도장이라는 상징성을 기념하기 위하여 하나씩 주문하여 가지기로 하였다.

장석주 시인은 〈대추 한 알〉이라는 시에서 삶이라는 그릇에 담기는 인고의 세월을 잘 나타내었다.

저게 저절로 붉어질 리는 없다
저 안에 태풍 몇 개
저 안에 천둥 몇 개
저 안에 벼락 몇 개

저게 저 혼자 둥글어질 리는 없다
저 안에 무서리 내리는 몇 밤
저 안에 땡볕 두어 달
저 안에 초승달 몇 날

한 그루의 대추나무는 수천 개의 대추 알이 가지는 삶의 무게를 지탱한다. 대추나무 일생이 얼마나 많은 변화에 적응하며 살았는지 대략 짐작이 간다. 대추나무는 단단한 데다 벼락을 맞으면 돌보다 야물어져서 도끼나 톱으로도 쉽게 쪼개거나 자를 수 없다. 벼락 맞은 대추나무를 지니고 있으면 악귀를 쫓아 준다는 믿음 때문에 주로 도장 재료로 많이 사용한다.

도장은 사용자의 얼굴이라 그 책임이 따른다. 개인은 부동산을 거래하거나 대출에 따른 보증이 필요한 경우에는 주로 인감도장을 사용하게 된다. 사업용으로는 사용인감을 확인하여 입찰이나 계약과 같은 돈벌이를 하는데 많이 활용한다. 요즘은 친분이 있는 사람이 어렵게 요구하는 보증을 자신이 꼭 서지 않아도 된다. 부동산 담보가 없이 은행돈을 빌리려면 신용보증기금에서 수수료를 받고 보증서를 발급하는 제도가 있기 때문이다.

 나도 보증의 유혹에서 벗어나지 못해 힘겨운 일을 겪은 적이 있다. 예전에는 보증인이 있어야만 은행 대출이 가능하였다. 사업상 서로 맞보증을 서야 하는 처지가 되었다. 도장을 찍은 지 꽤 시일이 지나서도 무한 책임을 져야만 했다. 소유하고 있는 부동산이 모두 가압류되는 수모를 겪은 일도 있었다. 도장을 얼마나 소중하게 사용해야 하는지를 경험하였다.

 그동안 살아오면서 주위에는 도장을 잘못 찍어서 고통스럽게 살거나 나락에 빠지는 경우를 허다하게 보아왔다. 세상 물정 모르던 젊은 날에 친구의 사업에 보증을 섰던 후배 교수가 있었다. 그의 친구가 경영의 어려움으로 그만 파산을 하게 되었다. 섣불리 찍은 도장 때문에 평생토록 반 토막의 월급으로 생활하게 되었다. 경제적인 충격을 감당하느라 삶이 버거워서 스트레스를 엄청 받았다. 아까운 후배는 그 충격으로 몹쓸 병을 얻어 오십 세도 넘기지 못하고 안타깝게 세상을 떠났다.

 새롭게 마련한 조그마한 도장 덕분에 졸작 한 편을 너무 쉽게 얻은 것 같아 부끄럽다. 그것도 한국가사문학의 본고장인 담양에서 하룻밤을 묵으면서 그 가치도 모르고 얻은 글이라 미안하기도 하다. 독자들로 하여금 혹시나 눈요기도 못되는 글로 폄하되지나 않을까 두렵기도 하다. 다양한 생각으로 메타세쿼이아 나무들이 하늘을 찌르는 가로수가 장관을 이루고 있는 길을 빠져나왔다.

어디 대추나무 도장 한 번 찍고 행운이 굴러 들어올 요행수는 없는지 오늘도 잔머리를 굴려본다.

떡값

　새해의 화두는 많이 웃으면서 즐겁게 살자는 것이다. 억지로라도 웃음거리를 만들어 호탕하게 웃는다. 방송의 프로그램도 웃음꽃이 만발하다. 모임마다 Y담으로 좌중을 웃길 수 있는 사람의 인기가 짱이다. 오래된 농담이라도 시기적절하게 뱉어내는 한마디가 폭소를 자아낼 수 있다면 밋밋한 일상생활의 활력소가 될 것이다.

　"쑤~욱 넣은 떡은 한 되에 이만 원이고 쑤~욱 뺀 떡은 한 되에 만오천 원이다." 명절날 떡값타령이 듣는 사람의 느낌에 따라 뉘앙스가 사뭇 다르다. 모두들 한바탕 웃으면서 떡값에 비유되는 그 맛을 음미해 본다.

30년 세월을 건설업에 종사하면서, 비유하는 의미와 같은 떡값으로 사업을 유지했다고 해도 과언이 아니다. 70년대 후반에는 조그만 기업의 종업원들은 보너스라는 제도가 있는 줄도 잘 몰랐다. 그저 한 달 동안 고생한 대가로 주어지는 월급이 제때에 나오는 것만으로 감지덕지하였다. 명절이면 고향에 갈 수 있는 귀성길 선물 꾸러미와 교통비를 떡값이라는 명목으로 회사가 만든 봉투 하나가 고작이었다. 지난해에 어느 대기업의 노동조합이 여러 차례의 파업으로 생산 목표량을 다 채우지 못하였다. 기본으로 지급되는 상여금을 모두 받고도 약속한 성과급으로 떡값을 더 요구하며 정초부터 파업을 한 것을 보면 격세지감이란 생각이 든다.

건설업의 어려움은 종업원이 안정되게 작업을 할 수 있는 일감을 확보하느냐 못하느냐에 달려 있다. 서로 믿고 거래를 하다 보면 당사자끼리는 굳건하게 거래가 지속이 되기를 바란다. 그러나 경쟁사회에서 주위의 동업자들이 마냥 그대로 두지 않는 것이 현실이다. 일반기업은 자격을 갖춘 등록업체 가운데 견적을 받아서 적정한 가격에 일감을 받게 된다. 관공서에서는 아주 작은 일은 수의계약으로 거래가 되지만 대체로 공개 입찰로 업체를 선정한다. 관공서의 작은 일이나 고정 거래선에서 얻어지는 물량은 경쟁률이 적으면서 담당자의 역량에 따라 가격이 결정될 수도 있다. 계약이 성사가 되면 가끔 자기 회사의 시공 능력과 돌아가는 분위기를 전달하면서 보답을 하는 자리도 마련한다. 그런 횟수가 잦아지면 정치권에서 말하는 큰돈이 되어 뇌물과 떡값을 구분하기 어려운 경우도 생기게 된다. 이렇게 사실을 먼 거리에서 보는 엄격한 잣대 때문에 민초들 생활의 기초가 되는 인정마저도 메말라 가는 현실이 되어 아쉽다.

지금은 전자입찰이라 시공능력이 되는 업체가 사무실에 앉아서 투찰을 한다. 예전에는 아무리 먼 길이라도 입찰 장소까지 가서 몇백 명 중에 한 사람이 당첨되는 스릴도 즐기면서 낙찰자에게는 축하를 해 주었다. 면허의 종류나 공사 실적을 자격으로 한정하는 경우에는 업체 수가 생각보다 적을 때도 있다. 일을 하게 될 현장이 가까운 곳의 업체를 신랑감으로 선정하여 일정 비율의 떡값을 풀어 일을 만들어 주었다. 공사 금액이 적으면 쉽게 성사가 된다. 돈이 많을 때는 다양한 변수가 있으므로 서로 상대를 믿지 못한다. 지역별로 돌아가면서 일감을 확보할 수 있는 기회로 원가절감이 가능하였다. 양보를 하는 업체는 큰 돈은 아니지만 기본적으로 들어가는 비용이라도 받을 수 있는 일거양득이었다.

업체 입장에서 보면 살아남기 위한 생존의 한 방편이지만 공무를 집행하는 처지에서 보면 법을 위반하는 일이었다. 언젠가 그런 정보를 입수한 검찰에서 현장을 확인하게 되었다. 주동자로 붙들려 가는 부끄러운 일도 있었다. 난생처음 만난 죄목은 입찰 방해죄였다. 몇 시간의 조사와 추궁에 대해 소상하게 답변한 것이 면죄부가 되었는지 자정쯤에야 귀가 할 수 있어 다행이었다. 여러 사람에게 이익이 있어도 그 집단의 욕구만을 위해 행동한 것은 큰 화근이 될 수 있다는 것도 그때 알았다.

떡값에 얽힌 기억은 빨리 잊고 싶지만 떡에 관한 추억은 쉽게 잊을 수 없다. 요즘은 떡이라는 먹거리에는 별 관심이 없다. 흔해 빠진 것이 떡이다. 먹고 싶으면 언제든지 사 먹을 수 있기 때문이다. 많은 종류의 떡이 나와서 떡을 사 달라고 조르는 아이도 볼 수 없게 되었다.

그러나 몇십 년 전만 해도 떡은 특별한 날에나 먹을 수 있는 음식이었다. 설령 특별한 날이라고 해도 집안 형편이 넉넉하지 못하면 해 먹을 수 없는 것이 떡이었다. 어릴 적에 산소에서 시제를 올리는 것을 보면 또래들끼리 떡을 얻어먹기 위해 먼 길을 달려서 제례가 끝나기를 기다리던 생각이 난다. 명절이 다가와서 모든 집에서 떡방아 찧는 소리가 들려오는데, 집안이 워낙 가난하여 떡을 빚을 수 없는 아내의 상심을 달래 주기 위해 거문고로 떡방아 소리를 냈다는 백결 선생의 이야기는 우리 전통사회에서 떡이 어떤 것이었던가를 잘 알려 준다.

  어릴 때 작은설과 추석날, 떡방아 간에서 하얀 떡쌀을 담은 대야와 함께 차례를 기다리던 기억이 늘어진 긴 행렬만큼이나 아련하다. 쑤~욱 넣고 만든 떡이 값은 조금 비싸다. 그러나 어느 과수댁의 떡값을 떼먹었다는 난봉꾼의 아랫도리처럼 추억을 넣고 버무린 떡 맛은 삶의 맛과 더불어 이제 한층 더 구수해지리라.

바보 엄마

'돌담회'라는 카페가 있다. 카페를 개설한 지 여러 해가 되었지만 찾아오는 손님은 손가락을 꼽을 정도다. 그 카페의 주인은 40대 초반의 여인이다. 사이버 공간에 찾아오는 손님이 많고 적음에 상관없이 잡다한 일상을 이야기로 풀어 놓는다.

아들만 둘인 내 막내 여동생은 나와는 열아홉 살이나 차이가 난다. 며칠 전, 〈어머니 기일에 불러보는 사모곡〉이라는 제목으로 올려놓은 글이 가슴속에 와 닿았다. 안경 속에서 초점이 희미하게 흐려져 오는 어머니의 모습을 그려보았다.

오늘도 어김없이 비가 내린다. 그렇게 일찍 가신 어머니의 슬픔이 빗물이 되어 세상 속으로, 내 가슴속으로 흘러내린다. 어른이 되어서도 어머니에 대한 아련하고 애틋한 그리움 때문에 제사상 앞에서 눈물을 훔치곤 한다. 어렸을 적엔 엄마를 일찍 잃은 나의 서러움에 울고, 지금은 이 좋은 세상살이 누려 보지도 못하고 일찍 세상을 등지신 어머니가 가엾어서 울었다. 어머니와의 추억이 별로 없어서 내게 딸이 있으면 그래보려 했건만, 그것마저도 아들뿐인 나에겐 주어질 수 없는 운명이니 팔자려니 생각해야겠지…

몇 장 남지 않은 빛바랜 사진 속에서 웃고 있는 어머니의 모습을 희뿌옇게 바라보며 나는 이 글을 올린다.

여섯 남매 중에 막내인 여동생은 어머니가 마흔 살이 넘어서 임신을 하였다. 어머니는 동네 사람들의 주책바가지라는 말을 들으면서 늦둥이를 가진 것을 늘 부끄러워하셨다. 임신 중절을 하기 위해 무거운 다듬잇돌을 산더미만 한 배 위에 올려놓은 것을 가끔 볼 수 있었다. 하늘수박 뿌리를 먹으면 유산이 된다는 말을 믿고 다려서 먹은 후 몇 날을 아파서 고생한 일도 있었다.

사람은 태어날 때 자신이 먹을 것을 가지고 나온다는 옛말이 있다. 그래도 한창 자라나는 식구들을 먹이기에는 천 평 남짓한 천수답과 밭뙈기에서 수확하는 식량으로는 턱없이 모자랐다. 가을걷이를 해서 쌓아놓은 고구마나 나락 가마니로 두 칸 초가집의 좁은 마루가 가득할 때는 다소 여유로운 집안 분위기였다. 그러나 새봄에 산나물이 돋아날 때까지 많은 식구들의 입에 풀칠하기는 버거운 분량이었다. 추운 겨울철에는 땅만 바라보고 사는 농사꾼에게 얻어지는 것이라고는 아무것도 없었다. 곡식이 축이 나는 것이 아버지의 가장 큰 걱정거리였다. 어머니는 우리 집보다 더 어려운 이웃과 나눠 먹기를 좋아하셨다. 먹을 것이 모자라서 한 톨의 곡식이라도 아끼고 싶은 아버지의 생각과는 달랐다. 친정집 택호로 불려졌던 '중리때기'는 부지런하고 인심이 좋기로 동네에서 소문이 나 있었다.

이른 봄에는 마을을 감싸고 있는 무학산에서 나무를 하거나 쑥과 산나물을 뜯어 와서 끼니를 해결하였다. 여름은 논밭에서 자라나는 무성한 푸성귀로 배를 채울 수 있어 고마운 계절이었다. 열무나 상추는 좋은 것은 가려서 가까운 장군천변에 있는 난장에 나가 팔았다. 그 돈으로 옷도 사고 중학교의 등록금을 충당하기도 했다. 나는 위로 세 살 터울의 아들 중에 가운데였다. 열심히 일을 해도 형이 입었던 헌옷을 받아

입는 것이 늘 불만이었다. 어머니는 진종일, 들일에 지친 몸으로 어두운 불빛에서 헌옷을 기워야만 했다. 재봉일이나 바느질을 하면서 잠을 이기지 못해 손가락에 골무를 낀 채 자는 일은 예사였다.

고달팠던 어머니의 삶도 마흔아홉 해에 세상을 마감하였다. 하얀 고무신이 미끄러워 맨발로 논두렁을 걷다가 뱀에 물려 오랫동안 고생을 하였다. 이듬해 봄비가 억수같이 오는 날에도 불편한 몸으로 모심기를 하다가 지쳐서, 그만 잠결에 숨을 거두었다. 평생토록 농사를 짓고 살면서 마지막에는 뿌린 씨앗에 결실도 거두지 못했다. 손자들의 재롱도 보지 못하고 고생 속에 한평생을 살다 갔다.

'덮어 놓고 낳다 보면 거지꼴 못 면한다'는 1960년대 가족계획의 표어가 생각이 난다. 농업에 종사하는 인구가 전 인구의 반이 넘던 그 시절, 농촌의 아이들은 거의 천덕꾸러기로 태어난 셈이다. 새마을 운동이 도시의 달동네에 새벽잠을 깨웠다. 집집마다 자식은 생기는 대로 낳았다. 가난의 대물림을 하지 않으려고 남보다 더욱 부지런하게 뛰어야만 했다.

젊어 고생은 사서도 한다는 말이 있고, 못생긴 나무가 선산을 지키듯이 형제들이 풍요롭지는 못하지만, 가까이서 오순도순 살아가고 있다. 형제와 조카들이 따스한 봄날, 기일을 맞아 스무 명 넘게 모여서 어머님을 추모한다. 많은 자식을 낳아준 어머니의 은혜를 생각하면 눈물이 마를 날이 없다. 이렇게 어머니를 기리는 글을 쓰다 보니 30여 년을 홀아비로 노후를 외롭게 살다 간 아버지가 새삼 그리워진다.

돌담회 단상

 사람들은 누구라도 자신이 생각하는 기준에 잣대를 맞추려 한다. 세월의 속도도 자신이 처해 있는 환경과 나이에 따라 다르게 느낀다. 오십 대에는 시속 50킬로의 속도로 세월이 지나가고, 나이를 더 먹을수록 질주의 속도는 더 빨라진다.

 그러나 이십 대라고 세월이 천천히 지나가지는 않는다. 오히려 새로운 삶에 대한 열망과 현재를 극복하기 위한 부단함으로 시간과의 싸움을 수도 없이 한다. 그리고 서른을 지나면서 이십 대를 돌아보면서 반성과 다짐을 해 본다.

 나도 예외는 아니다. 종형제들 모두가 마산 무학산 자락의 달동네에서 자랐다. 봄에는 보리가 패기를 기다렸고, 여름엔

깻잎을 묶어 시장에 내다 팔았다. 돌이켜보면 그 푼돈을 벌기 위해 얼마나 많은 땀을 흘렸던가. 하지만 그 푼돈의 은혜가 오늘의 나를 만들었으니 티끌 모아 태산이란 말이 내게도 그대로 적용된다.

올해는 보릿고개만은 면해달라고 빌었지만 어김없이 구차한 손님은 찾아왔다. 그 계절을 피해갈 도리가 없듯이 우린 그 굴레에 순종하며 살았다. 나 스스로 직업을 선택할 여유도 없었다. 환경이 그러하기도 했거니와 무엇보다 배운 것이 부족하고 인맥도 든든하지 못한 탓이었다.

'직업은 적성에 맞게'라고 말하지만 그때 우리에겐 적성을 따질 계제가 아니었다. 그저 하루치의 노동과 대가를 바꾸는 것뿐이었다. 형제들은 주어진 현실을 운명이라 생각하며 쳇바퀴 도는 일상에 안주하고 있었다.

다행히도 나는 그 일상에서 벗어나 희망이란 단어를 찾아 밤낮 헤매었다. 그 노력이라고해야 가난의 대물림만은 끊어야겠다는 소박한 꿈이 다였지만 결코 쉽지 않은 일이었다. 십수 년의 노력이 헛되지 않아 생활은 어느 정도 안정을 찾았다.

꿈과 현실 사이의 기준을 잣대로 잴 수는 없다. 계속해서 산꼭대기만을 향해 쫓아 온 노루처럼 어느 지점에 서서 그동안 무엇 때문에 그렇게 허덕거리면서 뛰었는지도 잘 모르는 꼴이 된 나를 발견하게 되었다. 어느새 자식들은 불쑥 자라서 내 곁을 멀리 떠나 있고, 그 많은 조카들과는 진지한 대화 한 번 갖지 못한 셈이다. 좀 더 나은 가족을 위한 생활을 위해 뛰었지만 어쩌면 자신밖에 모르는 이기적 사고만으로 살아온 것은 아닐까 생각해 보기도 한다.

자수성가한 사람들은 대부분 아집이 세다. 아니, 남들이 그렇게 느낀다. 나는 이렇다 할 성취를 이룬 것은 아니지만 혹시 나도 그들을 닮아 있진 않을까 되묻곤 한다. 어쩌다 이야기할 기회라도 있으면, 자신이 살아온 방식에 기준을 맞추어 명령조가 아니면 타이르듯 일방적으로 대화를 이끌어 가지나 않았을까. 나를 만나기라도 하면 아랫사람들은 눈치만 보면서 피하려는 궁리만 하는 것은 아닐까. 괜히 소심해 지곤 한다. 원래 오랜 습관은 잘 고쳐지지 않는다. 그나마 다행인 것은 이만한 나이에 못난 글이라도 쓸 수 있어 글의 힘을 빌릴 수 있다는 것이다. 그렇게라도 해서 마음의 간극을 좁혀 보려고 노력하는 것이다.

나의 종형제들은 '돌담회' 라는 모임을 만들어 우의를 다지고 있다. 그 모임의 사이버 카페를 마련한 지도 꽤 오래되었다. 오프라인에서는 일 년에 네 번 공식적인 만남을 갖지만,

바쁜 시간을 쪼갠 탓에 이런저런 얘기를 할 기회도 많지 않다. 더더구나 솔직한 심정을 표현하기도 쉽지 않다. 그러므로 나는 가끔 사이버 공간을 이용하여 생활하면서 느낀 글이나 수필을 한 편씩 올리는 기회를 가진다. 상대방의 기분을 상하지 않고 이해를 시키는 수단으로 때로는 말보다 글이 더 효과적인 것을 느낄 수 있다. 이럴 땐 졸필이지만 글을 쓸 수 있다는 것이 큰 위안이다.

요즘 미래의 불안이나 여러 이유로 독신을 선언하는 젊은이도 많다. '결혼은 해도 후회 안 해도 후해' 라는 말이 있지만 나는 그래도 결혼 찬성론자다. 인류가 집단을 이루고 난 후 가장 이상적인 것이 부부간이며, 자식을 가진 가정을 꾸리는 것이라고 한다. 그 평범한 진리를 더욱 믿고 싶다. 세상에 이상적인 것이 어디 있으랴. 조금은 부족하지만 좋은 인연의 배필을 만나 살아가면서 때가 되면 자식 낳아 건강하게 가정을 이루어 가는 것도 인생의 큰 보람이 아닌가.

굽고 못난 소나무가 산을 지킨다. 잘생긴 나무는 이미 베어져 나이테만 남기고 썩어가고 있다. 그 굽은 나무 근처에 할미꽃이 피어 있다. 날 때부터 할머니가 된 할미꽃. 그 못난 나무와 꽃이 어우러져 동산을 만든다. 그런 이치를 가정에 접목해 본다. '돌담회' 도 그렇게 어우려져 가기를 바란다.

제4부

문학의 房

바다가 육지라면

"형님 글은 클래식이고 내 글은 뽕짝이요."

평생토록 교직에 종사하면서 수필문단의 선배로 활동하는 처남에게 어쩌다 신작을 한 편 보인다. 졸작이라 부끄러운 생각으로 습관처럼 내뱉는 말이다. 자신의 능력은 아랑곳하지 않고 색다른 현상을 보면 이것을 어떻게 하면 글로써 표현할 수 있을까? 잠시 고민을 하지만 워낙 짧은 밑천이라 금방 밑바닥이 드러난다. 그나마 스스로 소재를 찾아서 작품을 만들기보다, 주어진 제목으로 수필 한 편을 만들기가 여간 어려운 일이 아니다.

우선 '진해와 바다'라는 선정된 테마를 가슴속에 품고 곰메

(熊山) 봉우리에 올라섰다. 창원과 진해의 경계에 서서 시가지만 내려다보아도 가슴에 와 닿는 시원함은 그 느낌부터가 다르다. 창원은 땅이 넓고 공장이 많은 만큼 아파트와 빌딩으로 숲을 이루었다. 그렇지만 사방이 산으로 둘러쳐진 분지라 조금은 답답하다.

진해는 비교할 수 없을 정도로 확 트인 다도해가 시야를 맑고 푸르게 한다. 잔잔한 호수를 연상하는 바다 위에 떠 있는 배들과 섬이 잘 어우러져 안정된 구도로 그려진 전형적인 한 폭의 풍경화다. 더 멀리 동쪽으로 시야를 넓히면 낭만적인 그림과는 다소 대조적으로 활기찬 분위기가 나타난다. 골리앗 같은 STX조선소의 대형 크레인이 두 눈을 압도한다.

진해는 과거와 현재 미래가 공존하는 도시다. 우선 웅천성을 중심으로 한 역사와 천자봉을 비롯한 전설이 있다. 거기에다 이국적 풍경의 교차로들을 중심으로 발달한 도심이 눈길을 끈다. 바다를 끼고 있어 해안선이 아름답다. 까마득하게 바라다 보이는 신항만의 매축지 잿빛 바닥은 물인지, 뭍인지 구분이 가지 않을 정도로 드넓은 평원이다. 볼 때마다 새롭게 태어나는 신항만의 파란색 컨테이너 크레인은 수출 한국의 창구 역할을 담당할 역동적인 모습이다.

바다가 육지라면, 바다가 육지라면,
배 떠난 부두에서 울고 있지 않을 것을

 떠나가는 임과 이별을 아쉬워하면서 삶의 애환을 꿈으로 그린 흔히 말하는 뽕짝 가요, 〈바다가 육지라면〉이라는 노랫말의 일부다. 우리 진해에서는 옛날 같으면 상상하지도 못한 넓은 바다가 육지로 둔갑한 꿈같은 일이 여러 곳에서 현실로 나타나고 있다. 지금은 부산의 강서구에 편입되어서 마치 이방인들이 살고 있다는 느낌이 드는 섬이 가덕도다. 몇 년 전까지만 해도 숭어철이 되면 만선의 고깃배가 깃발을 펄럭이며, 가덕도를 오고가는 어선들의 뱃머리였던 작은 포구가 용원마을이다. 그 용원의 산들은 겉보기와는 달리 돌덩어리로 이루어진 여러 개의 석산이었다. 몇 년 동안을 어렵게 중장비로 산을 깎아서 대형 트럭으로 개미처럼 부지런히 토석을 운반하였다. 부산의 녹산국가공업단지를 조성하면서 진해의 돌과 흙으로 바다를 메우는 일을 우리들은 천지개벽이라 불렀다.

 산이 사라져 버린 허허벌판에 희망을 심고 아파트를 지어 상업용 건물도 우후죽순처럼 들어섰다. 기존의 도심에 비하여 동부지역이라 일컫는 용원은 낮 동안에 얻은 소득으로 밤에는 불야성이다. 이제 진해에서는 가장 활기차고 큰 동네로 거듭나고 있다.

고기를 잡든, 조개를 캐든 수확이 좋아서 '잘난 바다'라고 불리던 용원 앞바다부터 웅천의 괴정마을에서 1.5km정도 떨어진 수도水島와 솔섬까지 무려 360만 평의 바다를 육지로 바꾸었다. 이렇게 넓은 우리 땅에 염치도 없이 명패는 '부산 신항'이라고 붙여 놓았다. 바다를 잠식한 땅에 항만의 물류시설과 배후도시로 탈바꿈하게 될 꿈같은 영상을 그려 보면서 연도橡島로 떠나는 연락선에 친구와 함께 몸을 실었다.

괴정 선착장에서 약 4km 밖에 있는 80세대 200명 정도의 주민이 사는 섬이다. 향후 10년 후에는 육지로 변해 있을 연도라는 섬 이름은 지금의 황금 덩어리 같은 주변 현실을 예측이라도 한 모양이다. 조선시대의 《경상도 속찬 지리지》에 처음 소개되어 일찍부터 주민들은 어업으로 소득이 높아서 '돈섬'이라고 불렀다 한다.

한여름 오후 3시의 뙤약볕 아래 중국 연변에서 시집을 왔다는 조선족 젊은 새댁과 여섯 살 난 아들은 밝은 표정이었다. 나이 많은 손님이 대부분인 정기 도선에서 보는 다소 색다른 풍경이었다. 내일이면 유치원의 여름방학이라며 즐거워하는 모자간의 대화가 정겨웠다. 멀리 까마득하게만 바라보던 용원까지의 갯벌을 매립하여 육지가 되었다. 바로 집 앞에 항만 공사를 위해 설치한 웅장한 대형 크레인이 모자의 눈에는 어떻게 비쳤을까? 이제 항만이 가동되면 중국에서도 대형 화물선이 들어와서 고향 사람들의 안부를 물을 수 있는 날을 고대할 것이다. 도선과 버스를 번갈아 타고 진해 시내의 '미래로 유치원'이라는 글귀가 새겨진 책가방을 등에 멘 그의 아들은 진해의 미래를 꿈꾸는 우리들의 희망이다.

이제 진해만 부두를 배경으로 떠나가는 연락선에 몸을 싣고 이별을 아쉬워하며 부르는 〈바다가 육지라면〉은 이미 흘러간 옛 노래가 되었다.

항상 부족하지만 용기와 희망으로 글을 쓰려는 심정을 헤아려 농담으로 던져주는 대답이 재미있다.

"그라모 발랄하고 깜직한 장윤정이 노래는 뽕짝 아이가?"

빈 집

 문학이 공연예술과 만나는 좀 색다른 행사에 다녀왔다. 밀양연극촌에서 벌어진 이우걸 시인의 신작 시집 《나를 운반해 온 시간의 발자국이여》 출판기념회를 겸한 시낭송 행위전을 보았다. 마산에서 사진작가로 활동하고 있는 죽마고우 C시인과 같이 동행하였다. 초등학교를 개조하여 꾸민 '밀양연극촌'은 아직 공사를 하고 있는 흔적이 남아 있었다.

 늘 그랬듯이 먼 길을 좀 일찍 나선 탓에 행사 한 시간 전에 도착하였다. 마당 넓은 연극촌이 차와 사람으로 가득 찼고 무대와 관객의 열기는 2월 중순의 바깥 날씨와는 대조적이었다. 시조가 한 젊은 배우의 몸짓과 랩으로 다시 태어나, 시낭송회에서는 쉽게 볼 수 없었던 새로운 분위기를 연출하였다.

마산에서의 선약 때문에 축하 뒤풀이에 참여하지 못해 아쉬웠다. 어둠을 좇아서 오는 길은 한나절 발품을 팔아서 얻은 소득치고는 뿌듯한 느낌이었다.

이우걸 시인의 시조 〈흉터〉 한 부분은 내게 오랜 추억의 보따리를 풀어 놓게 하였다.

> 나를 운반해온 시간의 발자국이여
> 상처를 꿰매고 요오드를 바르는
> 가파른 생의 기록을 너는 새겨놓았구나.

마산수출자유지역 차량후문 부근에는 3층 건물이 대로변에 흉물스럽게 남아 있다. 지금은 비록 아무도 살지 않는 빈집이지만 가팔랐던 내 삶의 흔적으로 자리하고 있다.

1980년대 초반, 마산은 전국의 어느 도시보다도 제조업이 번성하였다. 한일합섬은 섬유산업이 한창 성업 중에는 종업원 수가 3만 명이 넘었다. 수출자유지역에는 주로 전자부품을 만드는 중소기업들이 많을 때는 200여 업체나 되었다. 러시아워 시간에 드나드는 사람들이 2만 명이 넘었다. 후문 근처에는 전국에서 직장을 찾아서 모여든 사람의 물결이 장관을 이루었다.

 기술을 밑천으로 일본의 다국적기업인 반도체를 생산하는 D사를 비롯하여 제법 굵직한 회사의 전기공사를 하였다. 전자부품을 제조하는 공정은 유행에 따라 내부설비를 자주 바꾸어야 했다. 레이아웃을 바꾸는 공사를 위해 많은 종업원이 한꺼번에 쉴 수 있는 시간은 여름휴가 때나 명절뿐이었다. 며칠의 짧은 시간에 공장 내부의 설비를 모두 바꾸는 작업으로 밤을 새는 일은 예사였다.

 촌음을 아껴야 하는 처지에 일꾼들이 식사를 하는 시간마저도 현장을 비울 수가 없었다. 쉬지 않고 작업을 계속할 수 있도록 분위기를 만드는 일은 주인의 몫이었다. 열 명이 넘는 일꾼들의 먹거리를 집에서 준비하여 승용차의 트렁크에 싣고 다녔다. 국물이 넘치지 않도록 조심스럽게 운전하다 보면 사정도 모르는 조급한 차들이 뒤에서 경적을 울린다. 장사꾼의 머릿속에는 오로지 원가절감을 해서 한푼이라도 돈을 더 번다는 생각뿐이었다.

 수출자유지역 부근에 영업장과 함께 주거할 수 있는 집을 구하려 하였다. 거래처와 가깝고 사람들로 붐비는 곳이라 전망을 보고 아내와는 합의도 없이 덜컥 계약을 하였다. 비록 적은 면적이지만 큰길가에 있는 3층 건물을 30대에 소유하였으니 보람도 있었다. 노력한 만큼의 대가를 얻을 수 있다는 삶의 자신감도 함께 얻은 셈이다.

세상만사가 새옹지마塞翁之馬라고 하였던가? 그 지역은 만조에 폭우가 쏟아지는 날에는 바닷물이 넘쳤다. 10년 동안에 동네가 물바다가 되는 일이 여러 차례 있었다. 마산수출자유지역과 봉암공업단지는 갯벌을 매립하여 조성하였다. 기억조차 하기 싫은 일도 있었다. 양덕지하도가 물에 잠겨 인명피해도 있었다. 그날 지하에 있는 자재창고가 물에 잠겨 재산상의 손해도 많았다. 자연에 순응하지 않고 바다를 육지로 메운 것이 엄청난 재앙으로 돌아왔다. 가까운 곳에 대형 배수장을 설치하여도 별로 효과가 없었다.

한 시절 그렇게 붐비던 사람들이 썰물처럼 빠져나갔다. 물이 넘쳐서 불편한 탓도 있지만 가까운 공장의 가동률이 낮아졌기 때문이다. 유동인구가 없으니 점포도 점점 줄어들었다. 새로운 모습으로 재개발하기 위해 조합을 설립하였다. 떠나는 사람이 많아서 도시는 점차 공동화가 되어갔다. 주민들은 빈집이 고층아파트로 새롭게 태어나기를 기다리고 있다.

만물은 생동한다. 예술도 세월 따라 변화한다. 세상에는 움직이지 않는 것이 없다. 음지가 양지로 양지가 음지로 언제라도 변한다. 다만 변화하는 사이클의 진폭에 따라 차이가 다를 뿐이다.

  빈집, 그것은 우리들이 지나온 삶의 한 흉터가 아닌가. 흔적의 뒤안길에서 나는 오늘도 희망찬 시간의 발자국을 그려 넣고 있다.

문학의 房

 문학文學이란 뜻풀이로 하면 글을 배우는 것이다. 늘 접하면서도 문학이라는 낱말에는 익숙하지 못하고 가슴만 설렌다. 진공청소기같이 빨아들이는 힘이 있을 때는 문학에 근접할 겨를이 없었다. 삶의 수단으로 어쩌다 대하는 기술서적만이 글과 만나는 유일한 창구였다.

 일기를 꾸준히 써온 경험만으로는 부족해 남의 영역을 훔친 것처럼 가끔 미안할 때도 있다. 독자에게 신세타령이나 신변잡기身邊雜記로 취급되지 않을까 염려스럽기도 하다. 늦게나마 대학의 평생교육원 수필전문반에서 수년째 정체성을 찾아 헤매고 있다. 그 덕분에 가끔 기술인이나 경영자 모임에서 남다른 시각으로 문학을 접할 수 있는 행운도 얻는다.

그런 나에게 여행은 또 하나의 글밭 가꾸기의 길잡이가 된다. 단체에서 늘 다니던 여행이라도 글을 쓰고 나서는 전혀 다른 체험으로 다가온다. 이번 규슈여행도 그렇다. 한국전기공사협회 경남도회에서 매년 시행하는 회원단합대회를 올해는 조금 특별하게 일본의 규슈에서 열었다. 360명의 회원이 배를 타고 현해탄을 건너간 흔치 않은 경험이었다.

3박 4일의 일정에 첫날밤은 '뉴 카멜리아'라는 여객선에서 묵고, 다음 날 아침에 후쿠오카 항구에 내려 아소와 벳부 근처에서 관광을 하며 온천욕을 즐기는 것이었다. 이렇게 많은 인원이 함께 해외여행을 다녀온다는 발상부터가 파격적이었다. 물론 미리 확인을 하였겠지만 한곳에서는 수용할 만한 시설이 없어 여러 곳으로 분산하는 수밖에 도리가 없었다. 먹고 자고 움직이는 스케줄을 기록한 명패를 여행자의 목에 걸고 다니면서 스스로 해결하였다.

일본의 규슈라는 섬은 부산에서 제주도보다도 가깝다. 여권이나 비자를 챙기지 않는다면 국내의 도서지방으로 가는 여행쯤으로 착각할 정도다. 배가 움직이는 시간은 3시간 정도지만 하룻밤을 여객선 내에서 지냈다. 경남의 여러 지방에서 가져온 특산물을 갑판 위에 펼쳐놓고 오고가는 술잔에 정情도 함께 나누어 마셨다. 단체로 그렇게 많은 사람이 입국심사를 받아서 버스에 오르는데 한나절이 후딱 지나갔다. 환율이 올라간 덕분에 싼 맛으로 부쩍 늘어난 해외여행을 다녀온다는 코스가 대체로 비슷하다. 예전에도 다른 모임에서 한두 번쯤 다녀온 곳도 있었다. 학문과 문화의 신을 모셨다는 '디자이후텐만구'라는 신전神殿은 걸어가는 입구부터가 안면이 있었다. 길 양쪽에 '우메가에 모치'라는 유명한 떡을 만들어 파는 점포가 즐비하다. 즉석에서 일행들과 모치를 사서 맛보는 즐거움도 관광의 별미였다.

가을의 짧은 해가 발걸음을 재촉하지만 일본은 도로가 비좁아 캄캄한 밤중에 국립공원 아소산阿蘇山 근처인 숙소에 도착하였다. 아소산은 백두산 천지를 닮은 모양으로 이루어진 칼데라로서 세계 최대의 활화산이라고 한다. 화산 활동이 심상치 않을 때는 관람을 금지시키며 정상까지는 케이블카로 이동하였다. 우리들이 묵은 호텔은 아름다운 산경이 펼쳐진 넓은 들판에 우뚝 서 있었다. 온천욕을 즐기는 휴양지로 각광을 받는 곳이다. 200실이 넘는 객실은 일실日室, 양실洋室과 가족관이나 문학관으로 다양하게 꾸며져 그 이름마저도 생소하였다.

그렇게 많은 사람들이 미리 배정된 객실을 찾아 이동하는

데, 하필이면 나와 일행이 하룻밤을 묵게 된 방이 '문학의 방'이었다. 아무도 모르게 혼자만의 귀중품을 발견한 것 같은 희열을 맛볼 수 있었다. 객실의 출입문에 작가의 이름이 새겨진 방이 32개나 있었다. 그중에 나까무라 데이조〔中村汀女〕라는 시인의 방과의 만남이 나에게는 행운이었다. 일본식으로 다다미가 깔린 침실은 미닫이 창문으로 고풍스럽게 꾸며져 있었다. 한쪽 벽면에 길게 걸려 있는 액자 속의 시구는 "옛 고향의 산, 아소"라는 작품이었다. 일행 네 사람 중에 자신만이 느낄 수 있는 뿌듯한 감정이었다. 문학 동네에서 느끼는 한없이 작은 자신의 모습과는 대조적이었다. 향토시인 이상규 씨는 그의 시 〈느낌표처럼〉에서 이러한 현상을 적절하게 묘사하였다.

떡갈나무 우거진 산비탈에
소나무 한 그루 서 있다
소나무 빽빽이 들어선 등성이에
떡갈나무 한 그루 서 있다
나는 네 속에
너는 내 속에
낯선 이웃처럼

느낌표로 찍혀 있다.

  문학의 방에서 만났던 글을 한데 모아 둔 《아소의 문학》을 찾았다. 호텔 로비에서 귀중한 보물처럼 구입하니 일행 중 한 사람이 "형님은 누구나 하고 싶지만 아무나 할 수 없는 길을 걷고 있소."라며 부러워하는 표정이었다. 짧은 해외여행 일정에서 온천욕의 즐거움보다 더 감동적으로 만난 문학의 방이 또 다른 세계의 느낌표처럼 가슴에 와 닿았다.

문학도 관계다

 사람과 세상을 정서적으로 아름답게 가꾸어주는 글을 문학이라고 한다. 젊은 날, 기술자에게 문학은 딴 세상 사람만 하는 예술인 줄 알았다. 별로 알려지지 않은 계간지에서 수필로 등단한 것을 큰 자랑으로 여겼다.

 '누구라도 작가가 될 수 있습니다' 장복터널을 지나 진해구 초입에 있는 경남문학관에 걸어놓은 현수막이 문학에 호기심을 가지게 한다. 요즈음은 대학마다 평생교육원에서 시와 수필을 공부하여 등단할 수 있는 기회가 주어진다. 등단과는 상관없이 처음부터 다시 문학을 배워야 한다는 자세로 평생교육원 수필전문반에서 8년째 수강하고 있다. 오랫동안 글짓기

공부를 하면서 문우들과 교우관계를 맺게 되어 보람이 크다.

 무슨 일이나 마찬가지겠지만 처음에는 글을 쓰는 것이 서툴고 어색하였다. 자신의 작품을 세상에 발표하기가 부끄러우면서도 한편, 설레는 것은 나만의 경험이 아닐 것이다. 가끔 지역 문예지나 기술자들의 단체에서 발행하는 월간지에도 글을 게재하였다. 독자들은 지면에서 만남을 더욱 소중하게 생각하면서 격려를 아끼지 않았다. 글쓰기의 발전이 삶의 한 보람으로 다가왔다.

 늘 독자의 신분이었는데, 작가가 되는 경험은 낯설기도 하고 설레기도 한다. 난생처음 지역신문의 '작가칼럼'에서 더 많은 독자와 만난 것도 좋은 경험이었다. 지역 신문이라 몇이나 읽을까 생각했는데, 의외로 많은 이들이 읽고 관심을 가져주었다. 새삼 글이란 어떤 매체에 발표하든 진지하게 정성을 다해 써야 한다는 것을 느꼈다. 등단 전에는 경험할 수 없는 소중한 작가의 덕목을 터득한 셈이다.

 만족스러운 작품은 아닐지라도 발표한 수필을 읽고 가깝게 지내는 독자들이 간략한 소감을 담아 보낸다. 때로는 돈벌이를 하는 공사의 낙찰 소식만큼 반갑기도 하였다. 널리 작품세계가 알려져 있는 전업 작가인 경우에는 모르겠지만, 문학을 독자와 함께 즐기는 문학도들은 동인이나 단체를 통한 활동이 글쓰기에 도움이 된다.

　문단의 말석에 이름을 올리기 전에는 문단이라는 사회를 몰랐다. 막상 문단에 들어와 보니 문단세계가 한없이 넓고 깊다는 것을 알았다. 과연 자신이 문학세상에서 적응해 살아갈 수 있을까 하는 두려움마저 들었다. 결국 문학에서도 버텨내는 힘은 인간관계라는 것을 깨달았다. 한 구성원으로서 자신의 위치를 알아가며 함께 어울리는 것이 중요하다.

　글을 통해서 글쓴이의 외모를 알아볼 수는 없어도 글쓴이의 마음은 알아낼 수가 있다. 우리 사회에서 문학이 돈이 되고 밥이 되는 것은 아니지만, 돈 대신 사람의 심금은 울릴 수는 있는 것이다. 지천으로 피어 있는 풀꽃도 이름을 불러줄 때 꽃이 되었다고 했듯이, 온라인이나 활자화된 문장도 읽어주는 독자가 있어야 좋은 글로 거듭날 것이다. 사람과 사람 사이에도 관계가 좋아야만 원활한 사회가 되듯이 말이다. 저 높은 상상력을 넘어 영원과의 관계까지 생각해 보면서….

《계간 진해》와의 만남

 뜨락에는 매화가 꽃망울을 터뜨린다. 겨우내 움츠렸던 목련과 벚꽃도 꽃을 활짝 피우기 위해 차례를 기다린다. 겨울 가뭄에 목이 타던 대지는 봄을 재촉하는 비가 촉촉하게 내리니 기지개를 켜면서 만물이 생동한다. 오래된 기억을 되살려 본다. 10여 년이 넘은 어느 해 이른 봄날이었다.
 이웃 마산에서 조용한 군사도시였던 진해에 새로운 둥지를 틀고 정신없이 먹이를 찾아다닐 때였다. 가끔 태백동의 어느 선배와 청국장 집에서 점심을 같이하는 기회가 있었다. 가정집을 영업장으로 꾸민 곳이라 여느 식당보다는 훈훈한 정감을 느낄 수 있었다. 그 집의 주인이 《계간 진해》와 어떤 연분이 있었는지 모르지만 방에는 많은 책들이 쌓여 있었다. 진해에 관한 호기심이 많을 때라 《계간 진해》를 한 권 얻어서 볼 수 있었다. 내 고장을 소재로 하여 만든 책을 처음으로 읽을 수 있는 기회를 만난 셈이다.

자세한 내용을 다 기억할 수는 없지만 우리들 입맛에 맞는 맛깔스러운 청국장 같은 느낌을 받았다. '썩 잘 쓴 글들은 책방에 수두룩합니다.' 라고 원고를 청탁하는 글귀가 마음에 와닿아 다소 부족한 글이지만 용기를 내어서 한 페이지 싣고 싶은 심정이었다. 세월 보따리를 헐면 감쪽같이 없어지는 바쁜 생활 속에서도 나에겐 진해에서 살아오는 동안에 문학과 인연을 맺게 된 것이 가장 큰 보람이다.

인근의 다른 도시와 비교하면 주민들의 경제생활이 안정되고, 아름다운 자연과 함께 살아가는 사람들의 모습이 순박하게 보였다. 가끔 마음이 평온할 때 보고 느낀 것을 글로서 나타내는 용기가 문학생활에 적응하게 해 주었다. 그 덕분에 꾸밈없이 진솔하게 표현하였다는 심사평으로 계간 《문학사랑》이라는 문예지에 등단도 하였다. 그러니까 평범한 일상에서 느낀 생각을 담은 글을 쓸 수 있는 용기를 얻게 해 준 매체가 《계간 진해》인 셈이다.

누군가 '자유로운 글 속에 무심히 흘려버릴 수 없는 깊은 맛이 있어야 한다'고 강조를 하였다. 아직은 먼 길인 줄 알면서도 부대끼며 살아온 잡초 근성으로 문학이라는 척박한 토양에 뿌리를 내리기 위해 노력을 하고 있다. 모든 일에는 어느 정도는 미쳐야만 그 뜻을 이룰 수 있다고 생각한다.

세상에 존재하는 말 중에 '더불어'라는 말보다 더 좋은 말이 있을까. '함께', '어울림' 같은 말들은 정답기도 하지만 하나로 존재하기 위한 최소이며 최대이기 때문이다. 이런 느낌을 전해 준 많은 것들 가운데 《계간 진해》는 삶 속에서 만난 특별한 인연의 책이다.

이 책의 편집위원회 격인 '더불어 생각하는 모임'의 구성원이 되어 두 번의 편집회의에 참석한 일이 있다. 편집위원 모두가 본연의 직업에 충실하면서 구수한 사람냄새 나는 글을 찾아서 바쁘게 움직이고 있었다. 행복은 자기가 하고 싶은 일을 하고 살면서 즐기는 것이라고 생각한다. 다 같이 어울려 책을 만드는 사람들 모두가 행복한 표정들이었다. 계간지는 좋은 책을 받아 보는 입장에서는 출간이 기다려지겠지만, 책을 만드는 처지에서 보면 연속적으로 새로운 소재의 발굴에 한계를 느끼는 어려움도 있을 것이다. 자신의 글을 한 편 올려서 책으로 읽을 때와 애독자로서 그 책을 기다리는 무게는 사뭇 다르다.

편집위원들의 간곡한 권유로 발행인이라는 짐을 떠맡게 되었다. 과중한 일인 줄 알지만 참여해 달라는 분들의 바람도 뿌리칠 수 없었다. 나 역시 이 지역에 살고 있는 한 사람으로서의 작은 역할도 필요하다는 생각 때문이었다. 발행인이라는 신분은 《계간 진해》를 또 다른 시각으로 바라보게 한다. 시사적 부분과 문화와 사람살이의 모든 것들이 원래의 의도와 잘 조화되게 실렸는지 독자로 있을 때의 느낌과는 많이 다르다. 선 자리가 바뀌면 새로운 풍경을 만나듯 그렇게 새로운 것을 배운 시간이었다.

발행인을 그만둔 지금도 《계간 진해》가 나오면 그런 설렘으로 책을 펼친다. 이번 호에는 어떤 이야기가 실렸을까. 가급적 숨은 미담을 들려주는 책이 되었으면 좋겠다. 계절이 바뀔 때마다 새 옷으로 단장하고 찾아오는 인연이 잠시 잊었던 사람과의 재회처럼 반갑다. 진해 사람 모두가 이 책을 읽고 더 행복해지기를 바라는 마음이다. 책은 마음의 역사다.

어느 木요일

　누구에게나 삶은 어느 하루라도 소중하지 않는 날이 없다. 한 주일 중에 나에게는 목요일이 가장 바쁘고 소중한 날이다. KBS아침마당에서 명사들의 강의를 귀담아듣고 나서 또 다른 배움을 위해 바쁘게 문학반으로 줄달음친다. 여느 날보다도 2009년 4월의 마지막 날인 목요일은 좀 특별하다.

　역대 어느 대통령보다 깨끗하다며 재임기간 중에 도덕성을 강조하였던 노무현 전 대통령은 '국민 여러분께 면목이 없다'며, 측근들로부터 뇌물을 받은 혐의로 대검찰청으로 떠나는 장면이 아침 밥상머리에서 생중계로 전달되었다. 그는 까마귀가 와도 먹을 것이 없어 울다 돌아간다는 척박한 농촌에서 태어났다. 최고의 권력자가 되어서 반칙 없는 세상을 만들겠다고 강조하여 서민들의 기대를 모았다. 퇴임하여 고향인 봉화마을에서 살아온 첫 대통령으로 모두가 환영하였다. 재임 중에 있었던 일로 가족 전체가 검찰조사를 받게 되어 우리들에게 실망감만 안겨주었다.

오늘따라 '행복은 어디에서 오나' 라는 제목으로 법륜스님이 TV강의를 한다. 강의 줄거리는 사람들에게 원하는 것이 다 이루어지는 삶은 재미가 없다고 한다. 인간적 자기 그릇이 채워지지 않거나 넘치면 행복할 수가 없다고 한다. 해마다 피어 있는 아름다운 봄꽃도 보는 이의 감정에 따라 예쁘기도 하고 추하게도 보인다. 각기 사물의 원리는 그대로 있는데 사람들 마음의 태도에 따라 다르다고 한다. 자신의 행복을 위해 긍정적인 생각으로 사물을 봐야 한다고 강조한다. 강의가 끝나자마자 바쁘게 떠난다.

이제 나에게도 사업을 위한 공간이 점차 좁아져서 넓은 마당을 세차장으로 임대하였다. 처음에는 손님이 없어 어려움이 많았지만 젊은 부부가 정성스레 세차한다는 입소문으로 한 번 찾아왔던 고객은 늘 찾아온다. 내 차는 달 세차를 한다. 7년이 넘은 늙은 말이지만 늘 반질반질하여 마부를 즐겁게 한다. 바쁘게 학교에 간다며 일손을 재촉하였다.

"강의하러 갑니꺼?"

그동안 발표한 글을 접한 독자로서 던지는 물음이다. 6년째 공부를 하러 다닌다고 하니 좀 의아해하는 눈치다. 나이와는 관계없이 새로운 것을 배우는 것은 즐거운 일이다.

오늘은 학기 중에 문학기행을 가는 날이다. 승합차를 대절하여 좀 먼 곳으로 가려다가 변경된 장소가 수목원이었다. 수목원은 소재지가 진주시로 되어 있어도 학교와 가까워서 가끔 야외수업 공간으로 활용하는 곳이다. 잘 가꿔진 초록의 자연 속에 활짝 피어 있는 다양한 꽃들이 싱그러웠다. 유치원생들이 노란 병아리 옷으로 어미닭인 교사를 따라서 봄 속을 뛰놀고 있었다. 초록으로 산책을 하는 노인이나 젊은 연인들도 모두가 행복 속을 거닐고 있었다.

생선회를 준비하여 비단잉어가 노니는 연못 위의 정자에서 벗들과 맛있게 먹을 수 있다면 얼마나 행복할까? 동화 속에서나 그려보는 꿈같은 일이 현실로 나타났다. 오늘은 '자연'이라는 제목으로 엮은 수필을 선정하여 작품평을 하기로 했다. 목요일에 녹음이 우거진 수목원에서 아름다운 문우들과 자연을 노래한 수필 한 편이 삶의 활력소가 되었다. 읽고 작품평을 하는 수업이 강의실과는 색다른 분위기를 연출하였다.

연못의 중앙에 위치한 나무로 만든 피노키오 인형이 자전거 페달을 계속해서 밟고 있다. 자전거 바퀴가 물레방아가 되어 동력을 전달하여 쉼 없이 돌아가고 있다. 수량水量이 적어서 피노키오의 남근男根처럼 생긴 긴 호스에서 오줌발로 계속 떨어져서 커다란 물레를 돌리는 광경이 재미있고 익살스럽다.

수필은 읽는 재미가 있고 작은 깨달음도 있어야 한다. 즐거움을 찾는 것이 수필의 소재를 찾는 것이고, 우리들의 삶이 곧 수필이다. 아는 것보다는 실천하는 것이 낫고 실천하는 것보다는 즐거운 것이 낫다고 강조를 한다. 수필 같은 삶을 살라고 하지만 늘 재미있고 즐겁게 생활하기는 그리 쉽지 않다.

지난날의 나는 늘 경쟁 속에서 살아왔다. 경쟁에는 상대가 있기 마련이다. 승부욕으로 성취하는 순간은 즐겁고 행복할지 몰라도 상대방의 마음을 아프게 한다. 경쟁사회에서 양보하면서 살기란 어려운 일이다. 자연 속에서의 나무들처럼 토양에 있는 영양소 중에 자기가 필요한 만큼 챙기면서 다른 나무들에게는 영향을 주지 않는 삶이라면 그런대로 행복할 것 같다.

오늘도 생활과 생존 사이를 방황하듯이 수필과 잡문 사이를 오고가면서 자신의 글이 어디쯤에 있는지를 구분하지 못하고 헷갈린다. 수필 한 편을 쓰기 위해 노력하며 고뇌한다.

독자로 하여금 신변잡기로 취급되지나 않을까 늘 염려도 된다. 문학이 있어 즐거운 마음이기에 다음 목요일이 경화장날처럼 기다려진다.

진수무향
眞水無香

　모르면 용감하다는 말이 있다. 이태 전에 난생처음으로 졸저 수필집을 한 권 펴냈다. 출판기념회를 한답시고 주위 사람들을 귀찮게 한 것이 조금은 미안하다. 별로 내세울 것이 없는 처지고 보니 상대방의 입장은 생각지도 않고 문학과는 상관이 없는 모임의 지인들까지 모두 초대하였다. 엉겁결에 혼자만의 잔치를 끝내고 나니 너무 겁 없이 한 행위가 부끄러울 뿐이다.

　사회적인 통념으로 보면 정치적인 욕심이 있는 사람으로 착각할 수 있는 소지가 다분히 있어 보였다. 행사를 마치고 며칠이 지난 후에 평소 자주 만나는 원로 허주 화백께서 축하의 글을 담은 액자를 선물로 직접 가져왔다. 초서체로 쓴 서예작품 〈진수무향眞水無香〉이라는 깊은 뜻이 담겨 있었다.

그날의 행사에는 누구보다도 먼저 와서 전 과정을 지켜 본 소감을 한 소절로 압축하여 표현한 것이다. '맑은 물은 향기가 없다'며 시끄럽게 살아가는 나의 모습을 보며 꾸짖는 것 같았다. 그동안 '전기쟁이가 수필집을!' 이라는 소재로 잡지나 전문 직종의 신문에 뜻밖의 화제의 인물로 다루어졌다. 사실, 장사꾼은 때에 따라 거짓말을 해야 돈이 된다. 문학을 한답시고 자신의 생각과 감정을 그대로 글로써 표현하여 기록으로 남기게 되면 돈벌이로는 얻는 것보다는 잃는 것이 더 많다.

장르에 상관없이 예술은 삶의 가치를 초월하여 자신의 순수한 표현이라고 생각한다. 가까이서 보는 노 화백의 진솔한 언행은 순진한 어린아이 같은 느낌이 들 때가 있다. 나이 일흔일곱이면 속된 말로 '상여 알맹이' 취급을 하면서 세상을 다 살았다고 빈정대는 사람도 많다. 육체적인 건강이 따라야 하겠지만 성숙하면서도 젊은이 못지않은 순수한 사랑의 밀어를 문자로 주고받으신다.

'미워 미워 미워!' 너무나 많은 사연이 함축된 것 같은 메시지다. 교통수단이래야 오토바이인 스쿠터로 가까운 거리를 이동하는데 가끔 만나는 여인이 누구인지는 몰라도 오랫동안 기다리는 애틋한 그리움의 표현이라 하겠다. 자주 이용하지는 않겠지만 호주머니 깊숙한 곳에는 남자의 정력을 위한 비상 상비약도 보유하고 있다며 살며시 자랑을 한다. 일상적인 통념을 깨뜨리며 젊게 사신다.

  미술 작품의 비평은 짧은 식견으로는 표현하지 못한다. 한국화이지만 작품의 구상이나 소재가 다양하다. 폭소를 자아내는 민속놀이를 잘 묘사한 그림도 있고 영靈적인 구상으로 그린 환상적인 그림은 보통사람은 이해할 수 없다. 가령, '군상'이라는 소재의 그림은 남근男根들이 무리를 지어 다양한 인물로 형상화되어 있다. 또 신성해야 할 석가여래상에 아름다운 여체로 중첩한 그림도 있다. 여러 종류의 꽃을 소재로 하는 작품에서나 대자연 속에 벌거벗은 육체파 여인을 구도로 만든 그림들을 많이 볼 수 있다.

  우주 속에 자연의 양기陽氣와 건강한 여체의 음기陰氣가 조화로 이루어졌다는 작품 설명을 한다. 얼굴은 동안童顔이지만 하얀 수염에 하얀 머리카락을 길게 묶은 모습은 가끔 도인을 옆에 모시고 있는 기분이 들 때가 있다. 돌을 빻아 가루를 채색하여 재료로 사용한 작품은 정성이 많이 들 뿐만 아니라 시간도 오래 걸린다. 한 작품을 위하여 소요되는 긴 시간 동안 엎드려 작업을 하는 것은 힘겨운 육체 노동이다. 연세가 들수록 건강관리와 작품 활동에는 돈이 필요할텐데 가끔 그림의 임자가 나타나도 돈과 쉽게 바꾸지 않는다.

비록 생활이야 어렵지만 금전 앞에 눈이 먼 추한 모습을 보이기도 싫고, 작품의 예술적 가치를 보존하기 위해서란다. 누구라도 나이가 들면 점잖게 체면 유지하면서 실속을 차리는 것이 인간의 도리라고 생각하기 쉽다. 그러나 그는 조금은 구차하고 생활이 힘들더라도 사후에 좋은 작품을 남기고 떠난다는 일념뿐이다.

맑은 물은 향기가 새롭다. 노 화백은 오늘도 내일도 세월의 흐름에 상관없이 동심의 세계에서 욕심 없이 작품 활동을 한다. 그 모습이 무척 행복해 보인다. 나는 노 화백에게 감사의 답례로 '眞水有香'이라는 글귀와 함께 청마 유치환의 시 〈행복〉의 한 부분도 전하고 싶다.

> 사랑한다는 것은
> 사랑을 받느니보다 행복하느니라
> 오늘도 나는 너에게 문자를 보내나니
> 그리운 이여! 그러면 안녕
> 설령 이것이 이 세상 마지막 인사가 될지라도
> 사랑하였으므로 나는 진정 행복하였네라.

진해와 꽃

　해양레저 관광휴양도시 진해는 오지랖이 넓은 여인이다. 시루봉은 진해의 어느 곳에서 바라보아도 풍만한 여인의 젖가슴이다. 김일태 시인은 시 〈시루봉〉의 한 부분에서 '젖배 부른 하늘이 잠시 조는 사이/ 구름 몇 날 슬쩍 젖무덤 만지다가 가도/ 민망하지 않은/ 곰 같은 산이 있다.'라고 읊었다.

　이른 아침부터 그 젖무덤을 보고 찾아오는 길손들을 모두 포옹하며 맞이한다. 반듯하게 누워 있는 여인의 젖꼭지에서 내려다보는 진해만은 은물결 반짝이는 치마폭에 숨겨진 옥문 玉門이다. 누가 노랫말에 '남자는 배 여자는 항구'라고 하였던가? 속천 부두에서나 안골 선착장에서 거제를 내왕하는 카페리 여객선이 하루 종일 물살을 가르며 들락거려도 간지럼도 타지 않는다.

확 트인 시야의 다도해는 여느 항만도시와는 대조적으로 가슴팍이 시원함을 느낄 수 있다. 속천에서 소죽도로 가는 해안도로의 중앙에 위치한 진해루는 자궁을 연상케 한다. 새벽에서 밤늦도록 조깅을 즐기는 뭇사람들이 잠시 누각에 올라서 건강한 땀방울을 훔치는 곳이다.

갯벌을 메워서 소죽도를 뭍과 연결하여 에너지환경 과학공원으로 탈바꿈하였다. 생활쓰레기를 자원으로 만들고 태양열을 이용하여 에너지를 사용한다. 여유로운 공간에는 야외 공연장을 마련하여 꽃과 사람들이 함께 어우러져 춤추고 노래하며 즐긴다. 어느 기업보다도 젊고 혈기 왕성한 STX조선소에서는 일 년에 60여 대의 크고 작은 선박들을 건조하여 오대양과 육대주를 누비도록 한다.

꽃은 열매라는 완성품을 얻기 위해 존재한다. 인간의 행복은 자연과 가까워져야 한다. 진해에는 소유하지 않고 행복하게 즐길 수 있는 공간이 많다. 젊음의 계절, 7월에 진해에서 피어나는 꽃들을 만나러 벗들과 함께 산길을 나섰다. 운이 좋게도 긴 장마 사이로 아침 햇살이 잠시 비춘다. 웅천의 옛

국도에 있는 조그만 저수지에서 천자봉을 잇는 드림로드의 시작점에 발길을 옮겼다. 갑자기 큰비가 내린 탓에 비탈진 곳에는 토사를 감당하지 못해 흘러내린 자국이 군데군데 있었다.

 비탈진 곳에는 번식이 날랜 넝쿨들이 뿌리를 빨리 뻗어 주기를 바라는 마음으로 발길을 옮겼다. 마침 눈앞에는 무성하게 자라고 있는 오동나무를 칡넝쿨이 칭칭 감고 있었다. 칡넝쿨을 원망하고 있는 오동나무가 안쓰러워 휴대한 칼로 줄기의 아랫부분을 잘라주었다. 바람에 나부끼는 넓은 오동잎이 감사의 인사를 하는 것 같았다.

 평탄한 길섶에서 자세히 관찰해 보니 번식하는 넝쿨이 여러 종류다. 잎과 줄기에서 닭의 오줌냄새가 난다고 이름이 붙여진 '계뇨등鷄尿藤'이라는 풀꽃이 있다. 작고 하얀 등꽃처럼 생긴 계뇨등은 갖가지 독을 풀고 염증을 삭이며 혈액순환을 잘되게 한다. 습기를 없애는 효능도 있다고 한다.

 같은 넝쿨과에 속하는 '사위질빵'은 꽃말의 전설이 재미있다. 옛날 옛적에 장모가 사위 힘들지 말라고 툭툭 잘 끊어지는 사위질빵 덩굴로 만든 지게에 짐을 지었다고 한다. 꽃은 7~9월에 피고 하얀 꽃받침은 4장으로 십자형이고 암술과 수술은 각각 여러 개다. 줄기의 표면에는 잔털이 있다.

만장대에서 천자봉을 오르는 길도 시루봉처럼 목재의 데크 로드를 만들었다. 발아래로 보이는 STX조선소의 골리앗 크레인과 작업 중인 선박의 갑판 위에는 휴일도 잊은 채 기능공들이 개미처럼 바쁘게 움직인다. 예전에는 짧은 거리였지만 경사진 길이라 앞만 보고 올랐다. 지금은 지면보다 높은 위치에서 꽃과 나무들을 새롭게 만날 수 있다.

작달막한 키에 '비짜루'라는 별난 나무가 있다. 줄기는 둥글지만 모가 나고 많은 가지가 나온다. 잎이 조그만 바늘처럼 생겼다. 5~6월에 노란색 꽃이 잎겨드랑이서 대여섯 송이씩 무리지어 피며 꽃자루는 짧다. 열매는 둥글고 붉게 익는다. 4월에 어린 싹을 나물로 먹거나 꽃꽂이용으로 널리 사용한다.

여기저기에서 푸른 하늘에 둥실둥실 떠 있는 뭉게구름을 닮은 아주 조그마한 꽃들이 하얗게 모여서 장관을 이루고 있다. 가까이 가서 자세히 보면 나뭇잎의 모양과 꽃의 생김새가 다르다. 멀리서 바라봐도 푸근한 느낌이 드는 '가막살나무'와 비슷하게 생긴 '들꿩나무', '쇠물푸레나무'가 있다. 가을이 되면 꽃들이 만발하던 자리에는 새콤한 붉은 열매가 새들을 유혹하거나 분신을 위한 밀알이 되기도 한다.

천자봉 꼭대기에는 '자귀나무' 한 그루가 비석도 없는 묘역을 지키고 있다. 자귀나무 꽃은 분홍색의 긴 수술 여러 개가 우산 모양으로 펼쳐져 있어 그 화사한 모습이 매우 아름답다. 사시사철 꽃으로 장식한 오지랖이 넓은 여인의 치마폭에 파묻혀 사는 나는 참 행복하다.

예순 단상

《계간 진해》는 1989년 봄에 창간호로 태어났다. 애독자의 사랑에 보답하기 위해 2008년 봄을 맞이하면서 예순(60)호를 특집으로 발간하게 되었다. 계절마다 한 해에 네 번의 책을 만든다면 지령誌齡이 여든 정도는 되어야만 한다. 《계간 진해》는 그동안 우여곡절을 많이 겪은 생활 교양지이다. 인간의 삶도 이렇게 곡절이 많으면 나이를 까먹게 되어 숫자를 줄일 수 있다면 얼마나 좋을까.

세월의 속도는 각자 느낌에 따라 다르다. 젊은 날의 세월은 하루의 일과가 바빠서 정신없이 지나가지만, 한 해는 참 더디게 간다는 생각이 들 때가 많았다. 반면에 늙은 세월은 하루

해가 지루하리만큼 무료하게 가지만, 정녕 일 년은 정신없이 후딱 지나간다는 것을 느끼게 된다.

   영구히 변함없는 속도로 흘러가는 세월이라는 기나긴 벨트에는 해(年)와 달(月)과 요일처럼 크고 작은 마디가 있어 세월의 유속流速을 감지할 수 있게 한다. 영원 속을 흐르는 기나긴 벨트를 타고 시간여행을 떠나는 작은 점 하나에 지나지 않는 것이 인간의 삶이다. 대부분의 사람들은 태어나서 수없이 많은 마디와 계절을 지나 예순이라는 굵은 마디를 지나칠 때는 크게 의미를 부여한다.

   그동안 《계간 진해》가 걸어온 길도 험난하였지만 필자의 삶도 예순의 문턱까지 오는 동안 순탄하지만은 않았다. 젊은 날에는 때를 모르고 참 철없이 살았다. 인생의 사이클에서도 봄, 여름, 가을, 겨울의 변화를 알아채지 못하면 철부지가 되는 셈이다. 퇴비로 토양을 가꾸고 씨앗을 심어야 하는 이른 봄에 해당되는 유·소년기에는 혹독한 가난과 삶의 지혜를 함께 유산으로 물려받았다. 다음 세대만은 가난을 대물림할 수 없다는 의지로 주경야독晝耕夜讀하며 억척스럽게 살아야 했다. 청·장년기인 무더운 여름에는 뙤약볕에서 땀 흘리며 정신없이 일하다 보니 건강을 챙길 겨를이 없었다. 덕분에 가꾼 만큼 거둔다는 소박한 농부의 마음으로 가을을 맞이하였지만 건강을 잃으면 아무것도 소용이 없다는 것도 알게 되었다.

그렇다고 모든 인생이 따사로운 봄날부터 시작되는 것은 아니다. 어떤 인생은 태어나자마자 풍성한 가을부터 시작하는 경우도 있다. 부잣집 아들로 태어나 부모가 물려준 빌딩의 임대료를 받아 생활하면 과일부터 따먹는 셈이 된다. 대체로 쉽게 얻은 결실은 그 달콤함이 계속될 것으로 착각하고 흥청망청하여 엄동설한이 기다리고 있는 줄은 잘 모른다. 흔히들 예순부터를 고속도로에 비유한다면 그 이전을 비포장도로라고 말한다. 순탄하지 않은 길을 물질만능의 욕구 때문에 많은 짐을 싣고 과속으로 달리면 낭떠러지로 곤두박질하기 쉽다. 이 모두가 생활 속의 스승이었다.

계절마다 나오는 책도 철을 몰라 제철에 나오지 않으면 독자들이 외면을 하게 된다. 20년 전, 《계간 진해》를 창간하면서 기획특집으로 '애향심'을 주제로 한 명사들의 좌담내용을 싣고 있다. "진해는 전원도시로서, 산 좋고 물 좋고 산자수려한 인간환경의 최적지입니다. 그런데 이곳 사람들은 이같이 산수에 대한, 자연에 대한 자존심이 부족합니다." 또한 이런 내용도 있다. 동해 남대천을 떠난 아기 연어가 온갖 어려움을 극복하며 3, 4년이 지나 어른이 되어 자기가 떠난 고향의 냇

물 위로 거슬러 올라와 최후를 맞는 것과 비교하면서 "고향의 집과 땅을 처분하고 그 돈으로 고향을 떠나는 사람과, 맨몸으로 고향을 떠나 돈을 벌어서 고향에서 여생을 마감하는 사람을 연어와 비교해봄 직하지 않은가?"

이제 진해는 토박이만의 애향심에 하소연하기에는 도시의 규모나 생활환경이 많이 달라졌다.

《계간 진해》에 실렸던 '꿈과 희망을 열어가는 2008 진해비전'을 살펴보았다. 신항만과 부산·진해경제 자유구역의 활성화, STX조선소의 확장과 해양레저 관광단지가 조성되면서 누구나 살고 싶은 도시환경 만들기가 현실로 다가오면, 낮은 곳에 물 고이듯 사람들은 살기 좋은 진해에서 자연스럽게 정착을 하게 될 것이다.

누구에게라도 일생 동안 알게 모르게 세 번의 기회가 온다고 믿고 있다. 나는 진해에서 생활하게 된 것을 하나의 행운으로 생각한다. 꽃 피고 녹음이 짙은 왕성한 계절에는 함께 어울릴 겨를이 없었던 옛 친구들을 네 가족이나 진해에서 만났다. 곡간을 다 채우지는 않았지만 추수를 끝낸 농부의 심정으로 휴일이면 그리운 벗들과 함께 어울려 곰메봉을 향한 능선 길을 오르내린다. 겨울 산의 매력은 곰메라는 벌거벗은 여인의 풍만한 젖가슴을 바라보며 감상하는 재미가 쏠쏠하다.

"아마 두둥실 흘러가는 저 구름은 마음껏 사랑할 수 있것제?"
누구랄 것도 없이 한바탕 웃으면서 던지는 말은 한 구절의 시다.

지금 내 둥지의 창 너머에는 장천만의 수면 위에 뿌려지는 변화무쌍한 노을이 한창이다. 노을에 취하여 예순 생각도 잠시 잊는다.

꽃밭에서

 나이가 들수록 품위 있는 처신을 하라고 한다. 그럴수록 동심의 세계가 그리워진다. 가벼운 산행을 하면서 분위기에 따라 어릴 적 부르던 동요나 가곡을 흥얼거리면 발걸음이 한결 가벼워진다. 시야가 맑은 날, 장복산 정상에서 다도해를 훤히 내려다보면 '내 고향 남쪽바다 그 파란 물~ 눈에 보이네' 〈가고파〉 노래가 입 밖으로 술술 흘러나온다. 땀방울에 젖은 이마에 산들바람이 시원하게 불어 줄 때는 자신도 모르게 '산 위에서 부는 바람 시원한 바람/ 그 바람은 좋은 바람 고마운 바람' 〈산바람 강바람〉을 흥얼거려 본다.

 담벼락을 타고 피어 있는 향기로운 인동초만 보아도 가물가물한 기억을 되살리며 습관적으로 노래가 나온다.

아빠하고 나-하고 만든 꽃밭에
채송화도 봉숭아도 한창입니다
아빠-가 매어놓은 새끼줄 따라
나팔꽃도 어울리게 피었습니다.

 유치원부터 반세기 동안 불린 동요다. 정겨운 노랫말은 이제는 손자들에게나 들려주면 잘 어울리는 곡이다. 그러나 요즈음 나에게는 새로운 음률로 가슴에 와 닿는다. 행복한 노후의 여가 선용에 적격이라며 색소폰을 배워 보라는 후배의 권유가 있었다. 어느 정도 수준에서 얼마 동안 지속할지는 자신도 모른다. 음악에 대한 기초도 없이 시작할 수 있는 용기만으로 찬사를 보내는 친구들도 있었다. 그동안 너무 쉽게 생각하고 무슨 일이나 겁 없이 도전하는 것을 장기로 생각하며 살아온 탓이다.

 음악세계도 마찬가지라 생각한다. 반복적으로 열심히 노력하면 숙련이 되기 마련이다. 어린아이가 습관적으로 따라서 부르듯이 입술로 소리내기와 음계에 맞는 손놀림에 박자까지, 생각만큼 쉬운 것은 아니었다. 내 둥지가 소리의 크기와는 상관없이 악기를 다룰 수 있는 여건이라 다행이다. 초보자로서 맨 처음으로 받은 가장 쉬운 악보가 〈꽃밭에서〉였다.

나의 문학에도 이렇게 쉽게 접근할 수 있도록 악보를 제공해 주는 친구가 있다. 주일마다 산행을 하며 만나는 친구네 집 뒤뜰에 있는 넓은 텃밭이 바로 그 친구다. 친구 혼자 농사를 짓는 400평 남짓한 뜰에는 7년 된 반송 수백 그루가 초록 향기를 뿜어낸다. 나지막한 소나무 사이사이에는 당뇨병에 효험이 있다는 '긴병꽃풀'이라 부르는 금전초, 꽃과 잎과 뿌리가 모두 하얀 삼백초, 비릿한 생선냄새가 난다는 어성초와 같은 약초들이 심어져 있다.

비슷한 모양새로 피어 있는 꽃들은 이름도 형제 같다. 추억이라는 꽃말을 지닌 별꽃, 애기별꽃, 쇠별꽃은 꽃잎은 아주 작아도 가만히 들여다보면 꽃무더기가 아기자기하게 조화를 이루고 있다. 초롱꽃, 비비추, 작약, 수국, 봉선화같이 오랜 세월 가까이에서 불러주던 정다운 이름도 많았다. 누이같이 수더분한 모습과 향기를 전해주는 꽃들도 한눈에 들어왔다.

일명 씀바귀라 부르는 촌스러운 이름의 왕고들빼기는 시골 들판 논두렁 어디든지 흔하게 널려 있다. 노란색의 꽃이 피며 잎이나 줄기를 잘라보면 쓴맛이 강한 흰 즙이 흘러나온다. 항암, 항스트레스, 항알레르기, 노화방지에도 신통한 효험이 있는 만병통치 약초다.

겉으로 화려하게 드러내지 않으면서 땅속에 진가를 숨기고 있는 뿌리식물에서는 더 많은 것을 얻을 수 있었다. 적하수오는 간장과 신장에 효험이 있으며, 장기 복용하면 흰 머리카락이 검어지도록 젊어진다고 한다. 참나리나 둥글레는 농장에서 5년 정도 숙성하여 수확하면 자양강장제로서 많은 소득을 얻을 수 있다.

뿌리는 땅속 깊숙이 뻗어내려 오래도록 숙성하기를 기다려야만 약효가 있다. 가끔 덜 야물어진 열매나 뿌리를 조급하게 수확하면 떫거나 효험이 없기 마련이다. 문학이나 음악과 같은 예술의 세계도 첨삭하고 다듬어서 오래 담금질을 할수록 좋은 작품이 나온다.

올봄에는 매실과 같은 과수나무에 진딧물이 많다. "진딧물이 나무의 진액을 빨아먹고 나오는 배설물을 개미가 먹고살며 개미는 진딧물을 다른 나무로 이동시켜 주면서 공생한다."며 올해 수확을 걱정하는 친구는 늘 꽃밭에서 삶의 지혜를 배우며 살아가고 있다.

은행잎 선물

 "은행잎이라도 적선을 해야 글감을 얻을 수 있지예" 노랗게 젖은 은행잎을 소중한 선물로 전달한다. 색다른 모양의 작은 이파리지만 받은 두 여인의 입가에는 아이처럼 화사한 미소가 가득하다. 자기의 덕목인 유머로 상대를 즐겁게 하면 선이 되고 상대방을 괴롭히면 나쁜 악이 될 것이다. 유머는 초겨울의 을씨년스런 분위기를 한 방에 녹여주면서 강의실에는 웃음꽃이 활짝 피어난다.

 경인년 12월의 첫째 주 목요일이다. 평생교육원에서 한 해를 마무리 짓는 수필전문반의 종강시간이다. 밤늦게나 세찬 바람과 함께 비가 내릴 것이라는 일기예보였는데, 한낮부터 뿌리는 비바람이 차갑다. 캠퍼스 앞마당에는 은행나무가 한 그루 서 있다. 그렇게도 당당하던 모습이 겨울을 재촉하는 비바람에 노란 옷을 벗어던진다. 성찰의 과정을 지나며 또 한 해를 되돌아보는 시간이다. 자연의 일원이라는 차원에서 삶을 연출하면서 좋은 수필 한 편을 얻기 위해 지금 은행나무와 더불어 인생을 갈무리하고 있다.

은행나무는 오랜 옛날 공룡이 살던 시대부터 지금까지 대단한 생명력을 가졌다. 이른 봄, 연녹색 잎이 움트기 시작하면서 제 소임을 다할 것 같은 믿음직하고 수더분한 농사꾼같은 모습이다. 한여름에는 태풍의 세찬 바람에도 굴하지 않고 무더위에 그늘을 빌려주는 넉넉한 품을 가진 봉사자다. 가을이면 세상사 모두를 감싸고도 생색내지 않는 겸손의 미덕을 지닌 어른스러운 모습이다. 초겨울에는 바람 따라 우수수 낙엽이 떨어지며 닥쳐올 모진 추위를 예감하면서도 어쩌면 그렇게 환하게 노란 빛으로 물들 수 있는지, 대단한 나무다.

수필반의 문우들은 참다운 모습으로 자신의 삶을 표현하는 글밭을 일구기 위해 노력한다. 교수나, 교장선생님이라는 전직과 걸출한 단체에 책임을 맡았던 지나간 날들의 거추장스런 외투는 벗어버렸다. 어떻게 하면 자신의 삶을 문학적으로 제대로 형상화하느냐에 고심할 뿐이다. 살아 있는 한 권의 수필집과 같은 강의실은 늘 화기애애하고 유유자적하다. 쉬는 시간에는 간식을 장만해서 어린 시절 소풍 때처럼 웃고 속삭이며 놀았던 추억까지 곁들여서 한결 더 맛있는 분위기다.

수필문학은 기교보다는 인생의 격조와 품격이 요구된다고 한다. 격조 있는 품격에서 향기가 나야만 문장에서도 향기가 난다. 작가의 인간적인 품격이 높아야만 높은 경지의 작품을 쓸 수 있다. 문학을 하면서 좋은 수필 한 편을 얻는다는 것은 좋은 인생을 살았다는 것과 다를 바 없다고 한다. 좋은 작품을 감상만 하는 처지에서는 작품의 소재를 찾는데도 어려움이 따른다. 행여나 작품에서 내 서툰 인생의 발자취가 드러날까 두려워하기 때문인지도 모른다.

일상성을 초월한 심미안을 가져야만 좋은 수필의 소재를 얻을 수 있다고 한다. 마당에 떨어져 있는 은행잎을 주워서 한바탕 웃음과 함께 글짓기의 제재를 만들어 준 문우는 올 한 해 풍성하게 글 농사를 수확하였다. 《수필과 비평》에 수필로 등단을 한 것이다. 전문건설업에 종사하면서 야생화에도 관심이 많아 자연 속에서 글감을 찾기 위해 천리 길도 마다 않고 강원도까지 다녀왔다고 한다.

소녀시절로 되돌려 주었던 그 은행잎. 누구라도 한 번쯤은 책갈피 속에 끼워 놓았던 추억이 있을 것이다. 감성에 젖어서 고이 간직하였던 은행잎은 강한 살균작용이 있어서 책 속에 곰팡이가 생존하지 못하도록 예방을 한다. 인체에는 만성적이고 잘 낫지 않는 기관지염이나 천식에 좋으며 기침과 가래를 삭여주는 효과도 있다. 폐결핵 환자의 치료나 예방에 좋고 여성의 냉증치료에도 효험이 있다고 한다.

은행잎의 진액은 말초 동맥을 확장하여 혈류를 확장시킨다. 뇌의 혈액순환을 향상시켜 노인의 치매증상에 효과가 있다. 또 관상동맥을 확장하여 심장병에 동반되는 질병을 완화한다고 한다. 인체는 혈류가 잘 통해야만 건강하다. 은행나무 잎으로 징코민이라는 혈액순환 의약품이 만들어졌다.

"은행나무도 마주 봐야 열매가 열린다."는 속담이 있다. 은행잎은 문학을 사랑하는 독자와 작가를 잇는 인연의 고리역할을 하고 있다. 세상에는 문학의 소재로 가득하다. 한 해를 마무리하는 수필반 문우들이 은행잎 진액에서 얻은 징코민으로 막혔던 문장이 술술 풀릴 수 있기를 기대해 본다. 건강한 육신의 혈관도 대동맥에서 말초 혈류까지 시원하게 뚫어지기를 바란다. 건강하고 즐겁게 문학과 더불어 살아가는 사람들을 위해 여기 은행잎을 한 잎씩 드리고 싶다.

봉침

 혼자서는 살 수 없는 세상이다. 노는 것도 어울리면 한결 재미가 있다. 한평생 수없이 많은 사람을 만나지만 그 만남을 지속하기는 어려운 일이다. 기왕이면 좋은 인연으로 만나서 좋은 인연으로 헤어지기를 바랄 뿐이다. 예전에는 주로 돈벌이를 위해 만나는 사람이 많았다. 지금은 건강을 위해 등산하며 맛있는 먹을거리를 찾아서 함께 만나고 즐긴다. 나에게는 글짓기의 소중한 글감을 마련해주는 고마운 벗들이 있기에 휴일이 늘 기다려진다.
 진해 시가지를 병풍처럼 둘러싸고 있는 장복산, 덕주봉, 시루봉과 천자봉을 계절에 상관없이 어지간히 올랐다. 한여름의 아침나절, 따가운 햇볕을 피하여 시원한 계곡을 따라 산행을 한다. 웅동의 성흥사에서 출발하여 구천계곡 위에 있는 굴암산을 타려고 하였다. 장마 동안 움츠려 있던 많은 사람들이 계곡을 찾아왔다. 차량이 길게 늘어져서 대장마을 입구에 차를 세웠다.

산행을 하면서 쉬나무 군락지에서 잠시 발길을 멈추었다. 일명 벌꿀나무다. 굵은 가지에는 깃 모양의 타원형 잔잎이 달렸다. 잎 가장자리에는 잔톱니가 있다. 작은 흰색 꽃이 피며 열매는 붉은색이다. 타원형 씨앗은 짜서 등잔불이나 머릿기름과 해충 구제약으로 사용된다. 근처에는 꿀벌이 많이 있어 쏘이는 일이 없도록 조심하며 걷는다.

깊은 숲 속이라 앞만 보고 계속 걸었다. 나무가 햇볕을 가려주는 잘 다듬어진 등산로지만 무더위에 흐르는 땀방울을 훔치기에 바빴다. 인생길도 마찬가지지만 내려올 때 조심하라는 말이 있다. 다소 긴장이 풀린 탓에 유유자적한 기분으로 계곡을 따라 내려왔다. 잡풀이 무성하여 몸을 움츠리며 조심은 하였지만, 갑자기 벌이 나타났다. 일행 중에 하필이면 나에게만 두 군데를 쏘는 것이다. "걸음아 날 살려라"며 정신없이 피하는 통에 안경과 모자가 달아났다. 셋이서 찾는데도 시간이 꽤 걸렸다. 한바탕 소동을 벌인 셈이다.

꿀벌에는 여왕벌, 수벌, 일벌의 세 종류가 있다. 부지런한 일벌만이 사람에게 침을 놓는다. 눈꺼풀 위와 어깨가 쓰리고 아팠지만 봉침을 맞은 것이라고 자위해 본다. 벌의 독에는 메라틴이라는 성분이 있어서 우리 몸속의 피를 맑게 하고 순환을 원활히 한다. 혈액 속에 있는 병균을 죽이고 염증을 없애는 역할도 한다. 봉침의 효과로 건강을 유지하려는 사람이 많다.

주변에는 본의 아니게 벌에 쏘이는 사람이 더러 있다. 최근에 불거진 기관장들의 골프 파문이 그렇다. 고위직까지 가려면 남다른 노력과 능력이 있으면서 운도 따라야만 가능한 일이다. 어렵게 얻은 벼슬길에는 얼마나 많은 유혹들이 존재하는지 모른다. 한순간 잘못된 판단으로 격랑의 파고에 휩쓸리게 된다. 평생토록 건실하게 살아오면서 이루어 놓은 희망이 물거품이 되는 안타까운 일이 벌어지는 셈이다.

사회생활을 하다보면, 신변에 문제를 일으킬 수 있는 요인은 대부분 가까이서 일어난다. 숲만 바라보며 스쳐 지나가면 원경이 아름답게 보일지 몰라도 나무 한 그루마다 병충해의 아픔이 있게 마련이다.

나와 함께 10년을 넘게 한솥밥으로 살았던 관리자가 있었다. 입사한 초기에는 성실하고 능력도 있어 보였다. 사생활에 문제가 있어 심리적으로 나는 그가 불안하게 느껴졌다. 마침내 나는 그에게 같이 근무를 할 수 없다는 생각을 전달하였다. 오래도록 인내를 하면서 서서히 정리를 하며 그와 결별하였다. 나는 더 많은 것을 양보하면서 이를 해결하려고 노력하였다.

큰 사업은 시스템으로 운영하지만 작은 규모의 사업은 주인이 일인다역一人多役을 하여야만 경쟁에서 살아남을 수 있다. 오랫동안 분신分身처럼 생각한 다른 사업체를 검증도 되지 않은 사람에게 믿고 맡겼다. 밑바닥을 경험하지 못한 사람의 생각은 느슨하기 마련이다. 경험으로 볼 때 방만한 경영으로는 유지가 어렵다는 것을 감지하였다. 어느 날, 아무런 의논도 없이 그는 사업을 포기하였다. 그동안 다져온 신용을 잃지 않기 위해 어렵게 마무리를 하였다. 생각보다는 여진餘塵이 많았다.

일벌은 1kg의 꿀을 만들기 위해 16만km를 비행하여 1천만 개의 꽃송이를 찾아다녀야 한다. 수벌은 스스로 먹이를 구하지 못해 봄과 여름에는 일벌이 모아들인 꿀로 살아간다. 가을이 되면 일벌에 의해 밖으로 쫓겨나 추위에 굶어서 죽게 된다. 곤충의 세계에서도 적당히 편승하여 쉽게 살아갈 수 없는 생활 질서가 있다.

벌에 쏘인 부위가 따갑고 얼떨떨한데 일행들 중에 친구가 웃으면서 한마디 건넨다. "벌에 많이 쏘이면 죽을 수도 있지만 두 방이라서 봉침 맞은 요량해라."고.

제5부

열무꽃 기행

열무꽃 기행

여행은 언제나 떠나기 전부터 가슴이 설렌다. 테마여행의 경우 여럿이 모여 준비하는 과정부터 신이 난다. 붓꽃문학회에서 연중행사로 문학기행을 가기로 하였다. 진해의 소사동에 있는 김달진 문학관이 목적지다. 마산, 창원과 진해에 거주하는 회원들이라 우선 진해시청 앞에 있는 나의 둥지에서 만나기로 하였다. 무더위가 일찍이 찾아온 탓에 유월 하순의 주말 오후는 태양이 따가웠다. 초행길을 어렵사리 찾아오는 회원들이 많았다. 오랜만에 만나보는 반가운 미소만큼 시원하고 맛있는 수박을 준비하였다.

나는 어떤 모임에서나 말과 글로써 진해의 아름다운 자연

경관을 수시로 자랑하였다. 사실, 문학기행이라 하면 제법 먼 곳이나 약간은 낯선 곳을 찾는 경우가 많다. 하지만 내 가까운 곳에 대한 진정한 관심이 필요하다. 먼 곳은 물리적 시간이 필요하기에 거시적 안목에서 바라볼 수밖에 없지만, 가까운 곳은 미시적인 시각에서 접근할 수 있는 장점이 있다. 모르는 것을 아는 것도 중요하지만 아는 것을 더 자세히 아는 것도 가치가 있다. 회원들에게 문학기행을 빌미로 진해의 볼거리와 먹을거리를 소개할 요량이었다.

여러 대의 승용차로 문학관에 도착한 시간은 5시가 가까워지고 있었다. 미리 예약은 하였지만 안내하는 학예사의 퇴근 시간을 넘기면서 월하 시인의 생가와 문학세계에 관한 설명을 들었다.

생가의 뒤 울안에는 열무꽃이 피어 있었다. 담 너머 동네 어귀에는 추억의 간판들이 즐비하여 어려웠던 60년대의 생활상을 회상하게 하였다. 부산라듸오, 예술사진관, 김씨 공작소, 모두가 정감이 있는 이름으로 간판이 걸려 있었다. 시골의 장터를 연출하는 어수룩한 점포들이다. 초라한 겉보기보다도 진열되어 있는 생활용품들이 손때가 묻어서 더욱 정감이 갔다. 김달진 시인의 시 〈열무꽃〉은 여유로운 농촌의 여름 풍경을 노래하였다.

가끔 바람이 오면
뒤울안 열무꽃밭 위에는
나비들이 꽃잎처럼 날리고 있었다.
베적삼에 땀을 씻으며
보리밥에 쑥갓쌈을 싸고 있었다.

시 〈열무꽃〉은 진해의 시가지가 훤히 내려다보이는 진해 시민예술회관의 앞뜰에 있는 시비에 새겨져 있다. 장복터널을 지나면 좌측에 넓은 공간이 있어 해마다 군항제 때 전국백일장이 열린다. 수많은 예비 문사들이 좋은 시를 감상할 수 있는 상징물이 되기도 한다.

〈열무꽃〉을 읽다보면 곧바로 내 유년시절의 추억이 되살아난다. 시는 타임머신처럼 추억을 불러오는 힘이 있다. 나의 수필에도 종종 시를 인용하는 이유도 바로 그것이다.

어릴 적에 내가 자란 곳은 마산이지만, 바다가 내려다보이는 척박한 농촌이었다. 비탈진 밭에는 보리를 수확하고 이모작으로 콩을 심었다. 콩 모종이 뿌리를 내리고 나면 사이사이에 열무 씨를 뿌렸다. 열무는 콩대와 함께 자란다. 콩밭에 무성하게 자란 잡초를 매면서 열무를 솎아낸다. 솎아낸 열무 중에 좋은 것은 가지런히 묶어서 장군천변에 있는 난장亂場에

나가 팔았다. 논두렁에 심은 호박과 호박잎도 보드라운 것은 따다가 돈과 바꿨다. 가계의 수입이라곤 농사로 지은 풀이파리나 열매들뿐이었다. 그 돈으로는 자라나는 육 남매의 헤진 옷을 차례로 새것으로 바꾸기가 바빴다.

어린 자식들의 뒷바라지만 하다가 열무꽃이 필 무렵에 어머니는 마흔아홉의 꽃다운 나이로 이승에서 저승으로 이사를 갔다. 맨발로 잡초가 우거진 논두렁을 걷다가 뱀에 물려 고생을 하셨다. 그 이듬해에 세상을 떠났다. 평생토록 천 평 남짓한 밭뙈기에서 농사를 짓고 살다가 그 밭모퉁이에 묻히셨다.

지난날의 아픈 추억을 잠시 잊고 회원들과 대청마루에서 기념촬영을 하였다. 열무밭이나 장독대를 배경으로 포즈를 취하는 모습은 나이를 잊은 예쁜 소녀들이었다. 김달진 문학관은 구천계곡과 용추폭포가 가까이 있어 아늑하고 운치가 있던 마을이었다. 인근에 신항만을 조성하면서 고층아파트가 들어서고 물류를 운송하는 산업도로 공사가 한창이다. 마을을 가로질러 새로운 길이 생기면서 문전옥답이 사라졌다. 진해 연안에서 잡은 산낙지를 예약한 만찬시간 때문에 오래도록 머물 수 없어 아쉬움을 남긴 채 발길을 옮겼다.

연길마을에서 해안도로를 따라서 가면 〈황포돛대〉와 〈삼포로 가는 길〉 노래비가 있다. 노랫말의 사연이나 풍광을 시간이 없다는 핑계로 지나칠 수밖에 없었다. 새롭게 웅비하는 신항만의 조감도가 있는 흰돌메 공원에서는 잠시 차를 세웠다. 멀게만 느껴지던 부산에서 거제를 잇는 거가대교의 다릿발이 가까이 다가왔다. 신항만의 규모와 연계하여 발전하는 미래의 진해 청사진을 일행들에게 더 자세히 설명하지 못하는 자신이 안타까웠다.

 멀리 바라다보는 다도해를 벌겋게 물들이는 노을이 한나절의 문학기행에 보람과 아쉬움을 안겨 주었다.

추봉도의 추억

충무공의 제승당이 있는 한산도는 전국적으로 잘 알려진 섬이다. 그 한산도 곁에 추봉도가 있다. 지금은 한산도에서 연륙교가 새로 연결되었기에 하나의 섬이 되었다. 그 추봉도를 처음 찾았을 때는 90년대 중반이었다. 농어촌 전화電化사업으로 설치한 짧은 전봇대를 긴 것으로 바꾸는 공사를 하게 되었다. 통영의 한국전력공사에서 추봉도 현장까지 100본이 넘는 이음쇠 전봇대와 자재를 운반하여 바꾸는 일은 힘들고 어려웠다. 산과 들에도 길이 없는 마을까지 중량물을 옮겨야만 했다.

우선, 현장 가까운 마을의 선착장에다 물건을 실어 놓는 것이 중요한 일이었다. 인생길과 마찬가지로 짐을 가득 실은 바지선이 선착장에 도착하면 물때를 맞추기 위해 기다려야 했다. 여행자의 눈에는 한가로운 풍광이지만 고단한 어촌생활을 몸소 느끼는 기회가 되었다.

30여 년 동안 전기공사업을 운영하면서 그토록 현장을 장시간 쫓아다닌 일은 없었다. 공사만 하면 돈을 번다는 등식도 깨질 수 있다는 교훈을 얻게 된 추봉도였다. 그런 추억을 간직한 추봉도를 다시 찾았다.

거제시 둔덕면 어구에서 승용차와 함께 한산도 소고포 선착장을 내왕하는 카페리 을지호에 몸을 실었다. 그 여객선은 철구조물과 전선을 바지선에 띄우던 이후에 영업을 시작하였다고 한다. 한겨울 속 주중이라서 선착장을 안내하는 현판이라도 없었으면 한가한 여느 어촌마을의 어구와 별로 다름이 없었다.

점심때를 한참 지나서 도착한 한산면 소재지에 있는 한 식당을 찾았다. 추봉교가 가설되기 전에는 한산도와 추봉도를 뱃길로 다녔다. 한국전력공사 한산출장소가 있는 곳이라 섬마을마다 전기 고장을 수리하는 배를 정박하는 곳이다. 여러 번 다녔던 주막이지만 주인이 바뀐 탓에 기억할 만한 소재를 찾지 못해 조금 아쉬웠다. 겨울비가 촉촉하게 내리는 포구에서 바라다보는 추봉도의 봉암 마을은 노송과 가옥들이 어우러져 아름다운 한 폭의 수묵화를 보는 것 같았다.

　최근에 만들어진 추봉교를 승용차로 건너면서 작업을 위해 배를 움직이던 때를 생각하면 격세지감이었다. 같은 풍광이지만 연령이나 분위기에 따라 사물을 보는 느낌은 판이하게 달랐다. 다리를 건너 오른쪽 방향에 차를 세웠다. 건너편 한산도에서 바라보았던 호젓한 마을길을 친구와 함께 거닐었다. 오랜 세월 방풍림으로 마을을 지켜온 노송들이 감싸고 있는 해안 가까이에 가 보니 마치 새로운 세상을 보는 것 같았다. 몽돌이 1km나 빤히 펼쳐져 있는 해수욕장이었다. 해안의 곡면을 따라 시원하게 뻗은 해변에는 까만 몽돌이 파도를 불러서 사이좋게 속삭이고 있었다.

　추봉도는 다리를 벌리고 앉아 있는 범과 같은 형상을 하고 있다. 그 꼬리에 해당하는 부분이 봉암 해수욕장이다. 해수욕장 끝에는 둥근 모양의 해안이다. 조약돌을 깔아놓은 산책로를 따라 걷는 발걸음은 한결 가벼웠다.

　망산에 올라서면 통영 시가지와 멀리 일본의 대마도까지 조망할 수 있다는 추봉도의 짤록한 허리 부분에 있는 예곡마을을 찾았다. 동네 가운데에 자리한 빨간 양철지붕의 허름한 가옥이었다. 열 명이 넘는 일꾼들의 숙소와 식사를 제공하였던 옛집을 찾았다. 꾸부정한 뒷모습으로 앉아서 시금치를 다듬고 있는 노부부에게 지난날의 기억을 들추어 보았다. 수고를 하였던 장본인이라며 반갑게 맞아주었다.

여느 남해안의 섬들과 마찬가지로 겨울철에는 비옥한 토질에서 추운 바닷바람을 맞고 자란 시금치는 당도가 높고 향이 좋다고 자랑을 늘어놓았다. 이른 봄이 되면 땅두릅과 마늘도 생산하여 소득에 도움이 된다고 한다.

고갯마루 비탈길에서 승용차를 잠시 세우니 가까이에 있는 거제도와 용초도, 비진도가 정다운 이웃처럼 다가왔다. 멀리에는 홍도와 매물도, 국도와 좌사리도와 같이 크고 작은 섬들이 보석처럼 한눈에 들어왔다. 근처에는 6·25전쟁 당시 포로를 만여 명이나 분리 수용했던 잔해들이 남아 있었다. 호수처럼 잔잔한 청정해역에는 우럭, 돔, 농어와 같은 활어와 미역을 생산하는 가두리 양식장들이 바닷물 위에 수를 놓은 듯 떠 있었다. 최근에는 섬 여행을 즐기는 사람들을 위하여 해상항로가 점차 많아지고 있다. 통영 여객선터미널에서 여객선이 여러 섬으로 왕래하여 풍요로운 어촌으로 변화하는 미래를 보여주고 있다.

이충무공의 얼이 살아 숨 쉬는 한산면에만 한산도를 비롯하여 추봉도와 같은 유인도만 11개가 있다. 통영시에는 무려

44개의 섬에서 사람들이 살면서 양질의 전기와 전화가 보급되어 문화의 혜택을 누리고 있다.

 농어촌 전화 사업은 1964년 말 박정희 대통령께서 독일의 농가를 보고 와서 장기적인 계획으로 20여 년에 걸쳐 완성한 국책사업이다. 수지타산으로 사업성을 따졌더라면 아직도 전기가 없는 마을이 있을지도 모른다. 농어촌 전화 사업은 물질적으로나 정신적으로 도시민과의 격차를 좁히는데 큰 역할을 하였다고 생각한다.

 추억이 많아야 행복한 삶이라고 하였다. 돈벌이를 위해 젊은 날에 찾았던 통영시 한산면 추봉도에서의 힘겨웠던 추억들이 갈무리되어 한 편의 통영 이야기로 엮어내는 보람을 되찾은 셈이다.

청룡사 오는 길

 진해는 전형적인 리아스식 해안이다. 병풍처럼 둘러친 배후 산지가 해안까지 다다른다. 동, 서, 북의 세 방향이 산으로 둘러쳐 있다. 산의 높이에 비하면 계곡이 깊은 편이다. 시루바위 아래에서 발원하여 흘러내리는 골짜기의 물은 '충무공 수련원' 가까이 있는 하구천에서 합류를 한다. 골짝마다 흐르는 물은 수량이 많은데 비하면 청량한 편이다. 맑은 물소리는 매미 소리와 어우러져 평소 도심 근처에서 느끼지 못하는 깊숙한 산속으로 빠져드는 것 같다.
 멀리 거제도와 가덕도를 비롯한 여러 섬들을 조망할 수 있는 골짜기에 '청룡사'라는 작은 암자가 있다. 절집 아래에 드림로드까지는 승용차로도 오를 수 있다. 유난히도 무더운 8월의 따가운 아침 햇살을 피하여 등산로 아닌 계곡을 찾아서 발길을 내디뎠다. 올해는 태풍과 함께 비도 많이 뿌렸다.

청룡사 부근에는 경사가 심한 골짜기에 40여 년생 편백나무와 삼나무가 잘 가꾸어져 숲을 이루고 있다. 시에서 조림사업으로 심은 나무들이 자라서 면적이 수만 평에 이르는 넓은 삼림욕장이 되었다. 웰빙 숲으로 점차 소문이 나서 날씨가 맑은 날 오후 나절에는 건강을 잃고 회복하려는 사람들을 비롯하여 많은 이들이 찾아온다.

편백나무와 삼나무가 뿜어내는 피톤치드라는 천연향은 인간의 신진대사, 노화방지에 가장 좋은 선물이라고 한다. 삼림욕의 쾌적함은 자율신경의 안정에 효과가 있다. 간 기능을 개선하면서 잠을 잘 자게도 한다. 계곡에서는 흐르는 물 때문에 습도가 높아져서 피톤치드도 골짜기로 몰리게 되어 효험이 더 많다고 한다.

이렇게 건강한 숲을 찾아 서울에 살던 사돈이 이사를 왔다. 사돈과 나는 진해의 해안처럼 굴곡이 많은 삶의 동갑내기다. 사돈을 처음 만난 지는 이곳 편백나무 수령과 비슷한 40여 년 전이었다. 두 사람은 마산의 달동네에서 태어났다. 가난한 집안에서 형제들도 많았다. 입에 풀칠하기도 버거웠다. 둘은 같은 시기에 중학교를 졸업하고 직업전선으로 뛰어들었다.

1960년대의 마산은 남부지방의 상공업 중심도시였다. 예전부터 물이 좋아서 술과 간장을 만드는 양조업이 번성하여 도가가 많았다. 종이와 섬유, 발동기를 만드는 중소기업들도 곳곳에 산재해 있었다. 인근의 농촌지방에서는 어시장이나 부림시장을 찾는 사람들로 북새통을 이루었다. 방앗간에 돌아가는 기계나 전동기가 고장이 나면 교통이 편리한 시외버스 주차장 근처에 와서 수리를 하였다. 부림동 일대에는 전기와 관련된 기계를 수리하는 자그마한 점포들이 성시를 이루었다. 기름투성이 작업복을 입은 사돈과 나는 어려운 작업을 보조하는 일을 하였다. 일터는 달라도 같은 야간고등학교를 한 해 차이로 다녔다.

제대로 학교를 다니는 또래 친구들을 따라가기 위해 늘 긴장하였다. 주경야독으로 전기기술자 자격증도 어렵사리 딸 수 있었다. 사돈은 전기의 안전을 주업으로 하는 공직에 다녔다. 전기공사업을 하는 나와는 뿌리는 같을지라도 가는 길은 서로 달랐다. 업무상으로 가끔 만났던 젊은 날에는 맡겨진 일에 충실해야 한다는 일념뿐이었다.

70~80년대의 개발시대에는 현실과 타협하면서 적당하게 눈감고 넘어가는 것이 공직사회 분위기였다. 업자들은 원가

절감으로 돈벌이가 우선이었다. 불량 전기 자재를 사용하거나 부실시공을 하는 공사업자도 가끔 있었다. 시설물 검사 때에는 누구보다 완벽을 요구하는 사돈과는 마찰이 생겨서 주위의 눈총을 받을 때도 없지 않았다.

현실보다 앞서가려는 곧은 근무자세로 여러 지방으로 본의 아니게 옮겨 다녀야만 하였다. 객지에서 새로운 업무와 낯선 사람을 만나 적응하기는 쉽지 않았을 것이다. 스트레스와 함께 술도 많이 마셨다고 한다. 간암 판정을 받아서 10년 전에 수술을 하여 회복을 하였다. 그렇게 한때 부실한 몸으로도 전국을 다니면서 무사히 정년퇴직을 하였다.

서로의 안부도 모른 채 사돈의 아들과 나의 딸이 이웃에 사는 친구의 중매로 결혼을 하게 되어 떡두꺼비 같은 손자도 얻었다. 가끔, 진해의 아들집에 다니러 와서 편백나무가 울창한 청룡사 부근으로 산책도 하였다. 전국의 어느 곳을 다녀 봐도 자신의 건강을 회복시켜 줄 만한 곳이 진해뿐이라는 느낌을 받았다고 한다. 절집 가까이로 사돈이 이사를 오는 길은 억겁으로 맺어진 인연이라 느껴진다.

진해만에 다다르는 물길은 급경사의 계곡을 따라서 흐른다. 지형이나 비탈에 순응하면서 흘러내린다. 낭떠러지에 폭포수가 되었다, 호수처럼 잔잔하게 오래 머물기도 한다. 바위

틈 사이로 굽이굽이 돌아서 물줄기는 멀어졌다가도 합류를 하면서 바닷물로 다시 만난다. 세월을 따라 살아온 우리의 인생길처럼….

첫눈 나들이

 가을 가뭄이 심각하다. 11월 중순, 해마다 떠나는 연례행사인 풍호동 자치위원회의 야유회를 다녀왔다. 올해는 주민자치센터에서 풍물을 배우는 이웃들과 함께 전라북도 고창을 행선지로 정했다. 국화 축제도 참관하고 선운사의 절경과 단풍놀이를 즐길 요량이었다.

 가을비만 촉촉하게 한 줄기 내리기를 간절히 바라는 마음이지만 일기예보에서 전라도에만 15센티의 많은 눈이 내렸다고 한다. 행선지를 바꿀 수는 없다며 쌀쌀한 날씨에 아침 일찍 동사무소 앞에서 버스를 타고 출발하였다. 아침식사는 준비해 간 녹두죽으로 고속도로 휴게소에서 모두들 서서 얼떨

결에 때웠다.

　차 안의 텔레비전에 주부들이 즐겨보는 아침 드라마가 끝나고 나니 약속이나 한 듯이 스피커 소리가 크게 나면서 노래판이 벌어졌다. 음악에 맞추어 흔드는 동작들이 능숙하고 유연하다. 우리의 놀이문화는 차분하게 앉아서 창 너머 멀리 산의 경치를 바라보며 사색하기보다는 먹고 마시고 노래하는 재미로 여행을 떠나는 것 같다.

　시간 가는 줄 모르고 정신없이 흔드는 차 안과는 대조적이다. 선운사로 가는 길 양쪽으로 펼쳐지는 창밖은 온통 하얀 눈꽃 세상이었다. 가끔, 텔레비전화면에서만 보던 눈꽃을 직접 보는 것이 얼마 만인가. 모두가 감탄사를 연발하였다. 나지막한 야산에 하얀 눈으로 덮은 쌍봉의 무덤은 조상을 기리는 제사상에 올린 고봉밥을 연상하게 한다.

　버스에서 내린 일행들은 백제 위덕왕 24년(577년)에 창건하였다는 고찰 선운사의 일주문을 지나면서도 눈꽃에 취한 동심의 세계를 벗어날 줄 몰랐다.

> 펄펄 눈이 옵니다 바람 타고 눈이 옵니다
> 하늘나라 선녀님들이 송이송이 하얀 솜을
> 자꾸자꾸 뿌려줍니다 자꾸자꾸 뿌려줍니다

누구랄 것도 없이 어린 시절에 불렀던 동요가 입 밖으로 저절로 나왔다. 산야를 배경으로 하얀 눈꽃이 피어 있는 무대에서 반주 없이 손뼉을 치며 함께 부르는 합창단이 되었다.

눈 위를 뒹굴면서 사진을 찍는 사람, 눈을 뭉쳐서 가까운 사람에게 던지는 모습과 눈사람을 만들어서 포즈를 취하는 얼굴에는 즐거움이 가득하다. 여행을 하면서 갖고 다니는 카메라 덕분에 눈꽃 속에 함박웃음을 머금은 중년 여인들의 해맑은 표정을 담았다.

기나긴 인생의 여행길에서도 때로는 생각지도 않은 횡재를 만날 때가 있다. 물질적인 것도 있을 수 있다. 오늘처럼 겨울에 눈 구경이라고는 할 수 없는 곳에 사는 사람이 이렇게 먼 길을 따라 첫눈을 보러 왔다는 것은 행운이다.

좋은 일에는 흔히들 마魔가 끼기 쉽다는 호사다마好事多魔라는 고사성어故事成語가 있다. 30만 평이 넘는 넓은 들판에 가꾸어 진 3억 송이의 국화를 보기 위해 축제장을 찾았다. 국화꽃들이 고랭지 배추마냥 눈이불로 자태를 감추고 있었다. 국화 축제를 알리는 하얀 눈밭에서 단체사진으로 아쉬움을 달랬다.

하얀 눈 속에서 수더분한 모습으로 살짝 내미는 노란 국화꽃송이를 보았다. '머언 먼 젊음의 뒤안길에서 인제는 돌아와

거울 앞에 선 내 누님같이 생긴 꽃이여'라고 노래한 서정주 시인의 〈국화 옆에서〉를 기리는 이벤트를 보지 못해 아쉬웠다.

고창을 떠나 정읍으로 가는 길에 덤으로 백양사에 들렀다. 언젠가 왔을 것만 같은 낯익은 풍광이지만 눈 속에 묻힌 절경이 새롭게 느껴졌다. 하얀 설경 속에 주렁주렁 까치밥으로 매달린 홍시가 더욱 탐스러웠다. 계곡에서 물러앉은 빈자리에는 버스에서 가지고 다니는 탁자와 플라스틱 의자가 펼쳐졌다. 준비해 온 신선한 숭어회가 즉석에서 차려진다. 깊은 산중에서 차가운 눈바람을 맞으며 먹는 생선회 맛은 일품이지만 바쁜 나그네의 발길을 재촉하였다.

늦가을 단풍놀이가 예기치 않은 함박눈 때문에 색다른 기분으로 즐길 수 있었다. 우리 진해의 산과 들에도 메마른 대지를 촉촉이 적셔줄 함박눈이 펑펑 쏟아지기를 바라는 마음이다.

청도 기행

 기대보다 얻은 것이 많아서 여운이 오래도록 남아 있는 여행을 다녀왔다. 해마다 떠나는 붓꽃문학회 문학기행의 성과는 컸다. 올해는 경남대학교 평생교육원 수필반이 함께하여 대형 버스를 대절하였다. 공직에서 벗어나 청도에다 보금자리를 장만한 문우가 알뜰하게 여행 일정을 준비하였다. 분 단위까지 상세하게 표기된 스케줄이었다. 소중한 일을 접어두고 사월의 긴 하루 동안 글감을 얻으려는 문사들의 욕구를 충족시킬지 염려가 되었다.
 오누이 시조시인 이호우, 이영도 생가와 공원을 찾아나서는 발길은 기대에 부풀었다. 이영도 시인은 청마 유치환과 20

년 동안에 5천 통이 넘는 시보다 아름다운 사연을 편지로 주고받으면서 사랑을 하였다는 일화로 유명하다. 그래서 조선 중기 황진이 이래 최고의 여류 시조시인이라는 찬사를 받고 있다. 현대시조의 음계를 한 옥타브 높인 분이 태어나서 자란 곳이라 더욱 설렘으로 다가왔다.

이호우의 시 〈살구꽃 핀 마을〉에서는 '살구꽃 핀 마을은 어디나 고향 같다/ 만나는 사람마다 등이라도 치고 지고/ 뉘 집을 들어서면은 반겨 아니 맞으리.' 라고 노래한 시인의 생가를 찾았다. 버스가 겨우 빠져나올 정도의 좁다란 길가의 옛 정취가 묻어나는 마을이었다.

굳게 잠긴 대문 안의 넓은 마당 한구석에 있는 세월을 묵은 감나무에는 문학의 향기가 배어 있었다. 한옥의 안채를 볼 수 있어야 할 위치에 2층 양옥집이 시야를 가리고 있어 아쉬웠다. 생가 앞, 길 건너편에는 금방이라도 허물어질 것 같은 건물이 있었다. 외벽은 영화의 대형 포스터가 붙은 흔적이 남아 있는 극장이었다. 가까이 있는 방앗간은 아직도 안전장치 없는 벨트가 소음을 내며 돌아가고 있었다. 구수한 쌀 냄새가 퍼져 나오는 문틈 사이로 먼지를 잔뜩 품은 거미줄이 진동을 따라 흔들리고 있었다.

어린 시절 이영도 시인은 계집아이답지 않게 연날리기를

좋아하고 팽이도 치며 오빠 이호우를 따라다녔다고 한다. 남매 시조시인을 회상하는 유천마을에서 조금 떨어진 곳에는 비파강이 흐르고 있었다.

이영도 시인을 스승으로 만나서 대학 2학년 때 시조 공부를 시작하였다는 민병도 시인의 갤러리 '목언예원木言藝苑'을 찾았다. 푸른 길을 따라 달리는 차창 밖의 자연풍광은 〈청도〉라는 시에서 민병도 시인이 표현한 대로 맑고 시원한 시구 그대로였다.

길 맑고 사람 맑아 이름마저 맑은 청도
바람은 바람대로
제 허물을 씻어내고
동창천 새벽 물소리 스스로 키를 낮추지

세상의 모든 길이 깨끗이 손발을 씻고
팔조령 혹은 남성현
재 넘어올 때쯤은
휘어진 감 가지마다 환하게 불을 밝히지

사람은 산을 닮고 소들은 사람을 섬겨

서로의 신명들을 이루고

견주는 땅

다 함께 빈 들에 나가 달빛에 씨를 뿌리자

　독보적인 문학의 길을 찾겠다는 포부로 대학에서 한국화를 전공하여 10년 전에 금천錦川이라는 강가에다 갤러리를 마련하였다고 한다. 산과 강이 어우러진 안온한 마을 안쪽에 자리 잡은 갤러리는 그림 그리고 시 쓰는 작업실과 전시실이 있는 여유로운 공간이었다. 소극장보다 넓은 뜰에서는 어지간한 예술행사는 소화할 수 있는 조명시설도 갖춰져 있었다. 그동안 문학을 하는 화가로서 폭넓은 활동을 한 흔적을 단번에 느낄 수 있었다. 누구라도 꿈꾸던 무릉도원이었다.

　비슬산을 중심으로 큰 고을에는 5개의 석빙고가 있다. 그중에 청도에 있는 석빙고는 전국에서 제일 크고 오래되었다. 조선 숙종 때 화강석으로 축조된 아치형이다. 빙실 바닥의 길이가 15m, 폭이 5m나 되어 보물로 지정이 되었다. 운강고택은 조선시대 상류지배계층의 살림집으로 안채, 사랑채 모두 ㅁ자형이라며 관광해설자의 자세한 설명이 흥미로웠다.

　비구니 승가대학으로 수도승을 배출하는 운문사에서도 가장 신비롭고 운치가 있는 다실에서 마신 녹차 향이 잠시나마 속세를 잊은 신선이 되었다. 운문사의 절경을 뒤로하고 달리는 차창 밖에는 바삐 달아나는 봄날을 재촉하는 보슬비가 하염없이 내렸다. 일을 주선하는 처지에서는 늘 부족한 것 같은 아쉬움도 빗속에 흘러내렸다.

나의 인생길에도 문학기행의 동반자가 있다. 그 고마운 친구는 장군천의 상류인 물반실(물레방앗간)에 있는 성지유치원에서 코흘리개로 만났다. 한창 바쁘게 달려온 젊은 날처럼 장군천의 본류는 굽이가 심하다. 살아온 길이 달라서 같은 물줄기라도 어울릴 기회가 없었다. 반세기의 세월이 급류를 따라 흘러서 넓은 문학바다에서 다시 만난 셈이다.

이제 와서 굴곡이 심했던 지난날의 삶을 시와 수필로 엮어서 《문예사랑》이라는 그릇에 담을 수 있게 되었다. 이번 문학기행을 계기로 붓꽃이 불꽃처럼 활활 타오르는 문학회로 거듭나기를 다짐해 보았다.

움직이는 섬

　시간이 머물다 간다는 섬, 청산도와 보길도를 다녀왔다. 회갑을 기념하여 세월을 붙들고 싶은 심정으로 섬 여행을 떠났다. 같은 아파트의 한 층계를 사이에 두고 살면서 조석으로 만나는 소꿉친구 부부와 함께 보낸 2박 3일의 일정이었다. 꾸불꾸불한 77번 국도를 따라가는 도로변에는 감자를 수확하고 있었다. 연륙교로 연결된 큰 섬, 완도는 개발이 한창 진행되고 있는 여느 신흥도시와 다름없었다.

　완도에서 배를 타고 45분 정도 물살을 가르니 커다란 자연석 팻말이 우뚝 서 있는 청산도 선착장에 도착하였다. 막배를 탄 덕분에 카페리 선상에서 벌겋게 타는 노을이 초로의 가슴을 설레게 하였다. 서편제 영화 한 편으로 유명세를 톡톡히 치르고 있는 청산도는 휴가철이 아닌데도 여행객들로 붐볐다. 여행 정보도 없이 떠난 초행길이라 고향에서 여객선을 운행한다는 선장이 소개하는 식당을 찾았을 때는 어두움도 뒤따라왔다.

청정해역에서 양식한 전복을 싸게 먹을 수 있는 기회였다. 싱싱하고 향긋한 맛에 취해 포식을 하였다. 서울에서 부부가 여행을 와서 아름다운 풍광에 반해 그만 눌러앉아 식당을 한단다. 식당 주인이 소개하는 숙소는 언덕배기를 지나서 가로등도 없는 좁은 밤길을 헤매다 어렵게 찾았다. 육십 년 동안 안내표지판도 없이 달려온 우리들의 인생길 같다는 생각이 들었다.

나지막한 호암산虎岩山 자락의 통나무집에서 새벽안개가 자욱한 길을 따라 산책을 나섰다. 길섶에는 아침이슬을 머금은 산딸기가 발갛게 군침을 돌게 하였다. 하산길에는 여유롭게 따서 배를 채웠다. 언젠가 지나간 나그네의 손길이 닿은 흔적이 있어 자연의 품은 더 너그러워 보였다. 호랑이 바위의 정상에서 내려다보는 다도해의 섬들은 안개 속에서 숨바꼭질을 하고 있었다. 신선이 된 기분을 오래도록 간직하기 위해 카메라를 연신 눌렀다.

한나절을 보낸 청산도는 2007년 12월 1일 아시아 최초로 슬로시티로 지정되었다. 영화 《서편제》에서 소리꾼인 유봉과 그의 자식인 송화와 동호가 신명나게 진도아리랑을 부르며 내려오는 돌담길이다. 5분이 넘도록 한 장면으로 고정시켜도 관객들은 지겨운 줄 몰랐다. 가파른 세태에 변화를 바라는 작품에서는 초단위 이하의 짧은 장면전환이 있어야만 보는 사람의 눈길을 사로잡을 수 있다. 한가로운 배경에다 출연자의 연기가 변화가 있어야만 보는 이의 시선을 붙들 수 있다. 모를 심은 논바닥이 계단처럼 이어지며 산비탈 위에 푸른 양탄자를 깔아 놓았다. 논 풍경이 끝나는 곳에는 영화 속 배경처럼 파란 바다가 펼쳐졌다. 정년퇴직을 하고 떠나온 나그네의 여행길처럼 여유로웠다.

　고산 윤선도가 〈어부사시사〉를 읊었던 무대 '세연정'이 있는 보길도를 가기 위해선 완도를 다시 나와야 한다. 때를 맞추어 간밤에 들렀던 식당에는 손님들이 붐벼 와자지껄하였다. 인천에서 왔다는 칠십 대 노인이 혼자서 전국 투어를 한다며 카랑카랑한 목소리로 자기자랑을 늘어놓고 있었다. 유명 언론사에서 정년퇴직을 하고 10년 전에 아내와 사별한 후, 자식들의 권유로 마지못해 이번에는 섬 여행을 다닌다고 한다. 좋은 사람을 만나 싱싱한 해산물도 실컷 먹는다고 한다.

혼자 살면서 자식들에게는 유산마저도 미리 정리를 하였다며 큰소리쳤다. 나이가 들면 입은 닫고 호주머니는 열어야만 대우를 받을 것이다. 그 노인은 가족이라는 육지를 떨어져 나온 움직이는 섬처럼 외로워 보였다.

보길도는 완도에서 뱃길로 노화섬에 내려서 연륙교를 지나야 한다. 세연정은 우리나라 정원 중에 독보적인 가치가 있는 곳이다. 고산의 기발한 착상으로 개울에 보를 막아 논에 물을 대는 원리로 조성한 연못이다. 산중에 은둔하는 선비의 원림으로는 화려하였다.

해안선을 따라 달리는 차창 밖에는 김, 다시마, 미역을 생산하는 양식장이 넓게 자리 잡고 있었다. 전복을 양식하는 농장에 동력선의 굵기를 보고 시설의 규모를 짐작할 수 있었다. 웬만한 중소기업을 능가하는 시설이었다. 청정해역에서 생산되는 대부분의 수산물은 일본으로 수출하여 소득이 괜찮다고 한다.

보길도에서 가장 아름다운 풍광이라는 예송리 해수욕장 가까이에 팬션과 식당을 겸하는 곳에서 묵기로 하였다. 검고 조그만 몽돌로 이루어진 해변이었다. 늙은 아낙네가 나무 피죽같이 뻣뻣하게 말린 다시마를 팔고 있었다. 초등학생으로 보이는 소년이 경계하는 눈초리로 "몽돌을 가져가면 벌금 냅니

더이" 라고 자연보호를 위한 교육이 잘 되어서 홍보에 열성이었다.

30대 젊은 주인은 코밑수염을 달고 중절모로 한껏 멋을 부리며 섬에서 생활하는데 보람을 느끼는 모습이었다. 주중인데도 열두 개의 방을 모두 채웠다고 한다. 식당을 포함해서 하루의 매출이 생각보다 많다며 넌지시 자랑을 하였다.

이제 섬은 가난하고 외로웠던 지난날의 허물을 벗어나고 있었다. 잡는 어업에서 기르는 어업으로 탈바꿈하고 아름다운 자연을 관광자원화하였다. 갯벌을 메운 섬이 뭍이 되고 섬과 섬 사이는 다리로 연결이 되었다. 진해에도 소죽도라는 섬이 뭍으로 바뀌었다. 오늘 밤에는 속천 바다에 있는 소죽도 정각에서 아름다운 진해의 야경을 보고 싶다.

소나기 산행

　연일 찜통더위를 예보하는 8월의 첫 주말이다. 아침부터 쏟아지는 햇볕의 열기가 심상찮다. 이럴 때는 소나기라도 한 줄기 퍼부어주기를 고대하면서 산행을 나선다. 사시사철 주말 아침이면 밝은 모습으로 만나는 벗들이다. 진해 뒷산 능선 길에서 땀을 흘리고 나서 점심을 먹는 맛에 한 주일을 기다린다. 늘 전날의 일기예보를 들어보고 산행코스를 결정한다.

　무더위에는 그늘을 빌려주는 숲속을 따라 걷는다. 석동의 '동백산장'에 주차를 하였다. 드림로드 아래 야트막한 산자락에는 아름드리 왕벚나무가 군락을 이루고 있다. 등산객들의 발길이 잦은 탓에 흙바닥이 반질반질하게 다져진 오솔길이다. 근방에는 굵직한 대나무가 숲을 이루고 있다. 가끔 바람이라도 세차게 부는 날에는 댓잎이 하늘을 가리고 사각거리는 소리가 시원함을 더해 준다.

드림로드에 다다르면 산행을 안내하는 표지목이 서 있다. '웅산능선 1.3km'를 향해 길게 늘어진 오르막길은 40년생 편백나무와 삼나무, 잣나무들이 햇빛을 보기 위해 하늘을 향해 곧게 뻗어 사열하듯 서 있다. 우거진 숲 사이로 간간이 보이는 시가지는 내리 쬐이는 햇빛에 눈이 부시다. 멀리 검푸른 섬들과 어우러진 바다 위에 점점이 떠 있는 선박들이 평화롭고 아늑하다.

나는 체질적으로 더위에 약하다. 땀방울을 아무리 훔쳐도 계속해서 흘러내린다. 쉬엄쉬엄 오르는 길섶에는 야생화나 약초가 많다. 풀꽃의 이름이라도 아는 사람이라야 관심을 가질 수 있다. 일행 중 한 사람이 식물 이름을 불러 줄 수 있다는 것이 얼마나 다행인줄 모른다. "이거 '새삼'이네" 하고 들고 있던 스틱으로 칡넝쿨 줄기에 철사처럼 엉켜서 좁쌀같이 피어 있는 꽃들을 끌어당기며 발걸음을 멈춘다.

'새삼스럽게'라는 말을 만든 잡초 새삼은 잎이 없어서 엽록소를 만들 수 없기에 스스로 탄소동화작용을 하지 못한다. 뿌리가 없는 기생식물로 다른 생물에 붙어서 영양분을 빼앗아

먹고 살아간다. 새삼은 꽃이 피고 나면 씨를 맺는데 그 씨를 '토사자'라 한다. 토끼가 새삼 씨를 먹고 부러진 허리를 고쳤다고 해서 붙은 이름이다. 새삼이 놀라울 정도로 기력과 정력에 좋다니 정말 '새삼'스러운 일이다.

숲 그늘을 지나 능선에 올라서니 뙤약볕이 따가웠다. 가까이 보이는 시루봉을 먹구름이 검게 덮고 있었다. 창원의 어느 위치에서 보아도 풍만한 젖가슴에 한 줄기 소나기로 시원스레 샤워를 하고 있었다. 잠시 뒤에 시커먼 소나기구름이 우리를 향해 묻어오고 있었다.

"크게 한 줄기 맞겠다."

"맞아야지, 육십 평생을 살면서 얼마나 맞을 짓을 했겠노."

쏟아지는 소나기를 피하여 소나무 숲 사이로 네 사람은 말은 속죄를 한다지만 몸을 숨기기 바빴다. 한 줄기 소나기가 스쳐간 능선에는 만물이 생동하고 있었다. 널따란 바위 위에는 열기를 식혀주는 아지랑이가 피어나고 있었다. 주위가 모두 짙은 초록색이다. 노란 마타리와 패랭이며 원추리가 한층 더 싱그러워 보였다.

"양산같이 생긴 노란꽃이 뭐지?" '마타리꽃' 소녀는 마타리 꽃을 양산을 받듯이 해 보인다. 약간 상기된 얼굴에 살포시 보조개를 떠올리며 다시 소년은 꽃 한 움큼을 꺾어왔다.

황순원의 동화 〈소나기〉 속의 한 장면이다. 소년이 꺾어 주었던 그 마타리가 웅산 능선에는 여기저기서 흐드러지게 피어 있다. 마치 화려한 융단을 펼쳐 놓은 것 같다. 마타리는 꽃차례가 독특하다. 아래 달린 꽃자루는 길고 위쪽으로 갈수록 점점 작아져 맨 꼭대기에는 그 끝에 매달린 작은 꽃이 일직선을 이루고 있다. 찬 서리가 내릴 때까지 아침저녁으로 꽃은 피고 지지만 뿌리에서는 고약한 된장 썩는 냄새가 난다. 한방에서는 '패장'이라고 해서 약용으로도 쓰인다.

패랭이꽃은 꽃모양이 패랭이를 닮아 부쳐진 이름이다. 갓이 위엄을 갖추고 형식을 강조하는 양반들이 쓰는 모자라면, 패랭이는 옛날 천민들 정장모자다. 가난을 벗 삼아 정겹게 살아가는 사람들을 닮아 수수하면서 예쁘고 앙증맞다. 크기는 말할 것도 없고 그 모습이 귀엽고 색깔도 화려하다. 어버이날이면 부모의 가슴에 다는 카네이션이 패랭이를 개량한 꽃이다.

원추리는 요즘 도시 사람들에게는 예쁜 정원에 있는 관상용 꽃으로만 알려져 있다. 원래 원추리는 여름에 산과 들에 군락을 이루어 피는 야생화다. 도시형 정원에서 갑갑하게 생존하는 원추리는 발이라도 있으면 걸어서 제 위치로 자리바꿈을 하고 싶을 것이다. 하찮은 풀꽃이라도 나름대로 생존방식이 있다. 도시생활에서 산행은 삶의 활력소가 된다. 무더위를 식혀주는 한 줄기 소나기와도 같다. 나도 언젠가 긴 인생 여정에서 한 줄기 소나기 구실을 할 수 있는 날이 올는지 스스로를 채찍질해 본다.

선상 수업

 왁자지껄 한바탕 웃음이 소나기처럼 씻고 지나간 후다. 이어서 또 누군가가 걸쭉한 입담을 쏟아낸다.
 장마철의 농촌 풍경이다. 젊은이들은 도시로 나가고 혼자된 고부만 남은 집안 분위기는 적막하다. 지루함을 달래보려고 한숨을 내쉬면서 며느리가 말한다.
 "이럴 때 천장에서 커다란 물건이라도 하나 툭 떨어지면 얼매나 좋겠노?"
 듣고 있던 시어머니가 한참을 생각하더니,
 "쎄(혀) 빠질 년 두개 떨어지모 우떤(어떤) 년이 잡아 묵나!"
 누군가 거친 Y담을 하고 나면 모두들 한동안 신나게 웃는다. 나이가 들면 양기가 입으로 올라오는 모양이다. 진동 선착장 바다 위에 위치한 강의실이 하나 있다. 바지선에다 컨테이너를 싣고 안방처럼 정감 있게 잘 꾸몄다. 그냥 보면 다소 허술해 보이지만 주방도 있고 화장실도 갖추어져 있다. 예인선으로 바다 한가운데로 끌고 나가 낚시나 레저도 즐기게끔 다용도로 활용할 수 있는 배다.

이 배를 선착장에 띄워놓고 문학을 공부하는 만학도들이 한낮 무더위를 피하여 바다 위에서 강의를 듣고 토론도 한다. 이 얼마나 낭만적인가. 강의가 끝날 무렵이면 각자 준비해 온 밑반찬에 금방 잡은 장어로 숯불구이를 하고, 싱싱한 숭어회를 즉석에서 맛본다.

어쩌다 잠잠하던 강의실이, 생업을 위해 어장막을 찾아가는 통통배가 일으키는 물살에 한 번씩 크게 출렁거린다. 지난 한 학기 동안 매주 목요일은 마산에 있는 K대학교 평생교육원에서 수필 전문반의 강의를 듣는다. 오랫동안 일상의 변화 없이 생활하다가 주중에 하루를 학생으로서 공부를 하는 셈이다. 심리적, 시간적으로 다소 부담이 되었지만 스스로 배워야겠다는 생각으로 하는 공부는 재미도 쏠쏠하다. 생활의 리듬이 파도에 일렁이는 바지선같이 제자리를 찾는데도 시간이 제법 걸렸다.

이제 겨우 급우들의 안면도 익히고 공부하는 분위기가 잡힐 때쯤 되니 벌써 방학이다. 열 명 남짓한 수강생들의 면면도 다양하다. 6학년(60대) 여학생이 주축이다. 짙은 화장품 냄새보다는 삶의 향기가 더 진하게 묻어 있어 수업 중에도 재미있는 농담이 오고 간다.

오랜 세월 결혼상담소를 운영하면서 수없이 많은 인생의 동반자의 짝을 맺어준 걸출한 입담의 소유자, 교장 선생님으로 정년퇴임을 하였지만 아직도 무엇인가를 더 배우고 싶어 하는 여인, 중등학교 학생들의 교복을 만드는 중소기업 수준의 매출을 올리는 여성경영자, 느지막이 나름대로 문학에 관심이 많은 전업주부, 바쁜 시간을 쪼개서 열심히 살아가는 모습을 글로써 표현하고 싶은 욕심이 많은 사람들이다.

그중에 선상 강의실을 제공하면서 먹을거리를 장만하여 반갑게 맞아주는 학생이 있다. '김명희!' 그는 어촌에서 태어나 여자라는 이유로 학교 문 앞에도 갈 수 없는 형편이었다. 결혼 후에는 건강마저 잊은 채 수산업에 종사하면서 밤낮을 모르고 살았다. 세월이 흘러 사업 규모가 커지고 경제적으로는 다소 안정이 되었지만, 남편은 지병으로 일찍 세상을 떠나고 말았다. '없는 놈이 핫바지가 두 벌이면 죽고 가재가 구멍이 크면 죽는다.'는 속담처럼 고생 끝에 살 만한 여건이 되니 생을 마감하고 만 것이다. 자가 어장과 선박이며 장비가 꽤 큰 규모의 수산회사다. 지금은 자식들에게 사업체를 맡겨두고 굽은 등을 이끌고 소형 승용차를 손수 운전하며 다닌다. 문학이 무엇인지는 모르지만 환갑의 나이에 열정적으로 뭐든지 표현하고 싶어 안달이다. 수업시간에는 한 번도 빠지지 않는 모범생이다. 또한 인터넷 사이트에 수시로 글을 올리면서 때로는 젊은 사람들의 기를 죽인다. 그러면서 일상적인 일에는 더욱 적극적이다. 노인 휴양시설에 일주일에 한 번씩 위문을 다녀오는 것이 생활의 일부분이다. 비록 자식이 운영하는 회사지만 바쁜 일손을 거들어 주고 일당을 받아 생활에 충당하기도 하고 용돈으로 쓴다고 하니 우리 모두의 귀감이 된다.

금년 여름은 10년 만에 만났던 무더위를 피하기 위해 공부를 한답시고 찾아온 친구들에게 무엇이든지 베풀고 싶은 마음에 해산물들을 내놓았다. 미더덕, 홍합 조개, 장어, 숭어 등등 즉석에서 건져 올린 풍족한 먹을거리들은 오랫동안 기억에 남을 것이다. 많이 가지는 것, 많이 배운 것, 높은 지위만이 행복의 잣대가 아니라는 것을 새삼 깨닫게 한다. 지난 여름방학 동안의 선상 수업은 한 학기를 마무리하는 좋은 추억이었다. 잘 삭은 장맛이 묻어나는 수필 강의실, 재미나는 다음 학기가 기다려진다. 그런 곰삭은 강의실 분위기가 살아있는 수필 한 편을 쓰게 할 것이다.

생태 숲 마라톤

"인생은 마라톤이다."

식상할 정도로 들어 온 이야기지만 마라톤 코스를 직접 달려 보기는 처음이다. 최근에는 지방자치단체마다 고을의 아름다운 풍광을 널리 알리기 위해 이색적인 축제를 하면서 마라톤대회를 많이 유치한다. 진해에서도 시원한 다도해를 배경으로 펼쳐진 숲길을 달리는 "진해만 생태 숲 마라톤대회"가 처음으로 열렸다. 그 마라톤 코스가 휴일이면 친구들과 어울려 시루봉을 향하여 걷는 길이다. 평소보다 조금 빠르게 걸어 보자는 생각으로 쉽게 출전을 신청하였다. 난생처음으로 뛰는 마라톤이지만 하프와 10km, 5km 중에 좀 욕심을 부려

10km를 선택하였다.

 자신의 능력은 아랑곳하지 않고 세 친구가 같은 생각이었다. 기록의 욕심보다는 완주를 하는 것이 목표였다. 가끔 이른 아침에 일어나 산길을 따라 뛰다 걷기를 반복하면서 호흡조절을 하는 연습도 하였다. 대회를 며칠 앞두고 주최 측으로부터 모자와 티셔츠가 배달되었다. '폼생폼사'라고 했던가? 복장이라도 잘 갖추어야겠다는 생각으로 마라톤 팬티와 운동화도 새로 사서 착용하였다.

 여름의 초입인 유월의 첫 일요일, 8시에 행사장인 풍호공원까지 설레는 마음으로 걸어서 도착하였다. 남녀노소 할 것 없이 대형 스피커가 내뿜는 음악에 맞추어 몸을 흔들며 준비운동을 하는 모습이 움직이는 생태 숲을 이루었다. 3,500명이 넘는 참가자들은 각양각색의 유니폼으로 웃음꽃이 만발하였다. 경기종목에 따라 마련된 선수들의 물품보관소에다 외투와 함께 근심 보따리도 맡기고 왔는지 모두가 행복한 표정이었다.

 지정된 코스로 달려서 도착하는 기록을 정확히 확인하기 위해 전자 칩이 부착된 번호표를 가슴에 달았다. 하프코스를 달리는 선수들이 맨 먼저 출발하였다. 10분의 시차를 두고 기대와 환호로 힘차게 출발하는 선수들 틈에 나 자신도 참여했다는 것이 뿌듯했다. 초반 레이스는 진해시 청사 안으로 뛰는 평탄한 아스팔트 길이었다. 얼마 지나지 않아 생태 숲으로 새롭게 단장한 광석골 오르막길로 들어서게 된다. 이 길은 경사가 심해서 초반에 페이스를 조절하지 못한 사람들은 한숨을 내쉬며 뒤처지기 십상이다.

천자암 앞까지 2km 정도의 가파른 경사에서 지친 선수들을 위하여 박수를 치며 응원을 하는 자원봉사자들도 많이 보였다. 코스 중간에는 간간이 식수와 함께 바나나도 나누어 주었다. 낯설고 힘겨운 마라톤코스 때문인지 초반부터 레이스를 포기하는 사람도 눈에 띄었다. 힘겹게 임도에 올라설 때는 선두그룹 선수들은 어느새 반환점을 돌아서 달려오고 있었다. 같이 뛰는 선수로서 그 패기와 지구력에 박수를 보냈지만 뒤처진 선수에게는 자극제가 되기도 하였다.

다른 운동도 마찬가지겠지만 마라톤은 기초 체력이 튼튼해야만 한다. 인생에 있어서도 사업을 시작할 때는 자본과 기술이 있어야 한다. 기술이 바탕이 되어 적은 자본이라도 신용을 얻어야만 점차적으로 성장할 수 있다. 적은 밑천으로도 창업이 가능한 건설업은 처음에는 자본보다도 기술이 우선이다. 기술만 있으면 생태 숲 마라톤처럼 누구라도 한 번쯤은 뛰고 싶은 유혹을 뿌리치지 못한다. 출발하기가 쉬운 것만큼 경쟁

자도 많다. 초반의 오르막처럼 호락호락하지 않는 것이 사업이다. 남다른 기술적 노하우나 열정이 있어야만 거래처에 신용을 얻어서 거래가 지속된다.

　최근에는 관공서에서 발주하는 공사는 거의 평균가 낙찰제다. 많은 회사가 공사금액을 투찰하여 그 평균가에 가장 가까운 업체를 선정하게 된다. 발주처가 규정한 자격을 갖춘 회사는 누구나 전자입찰에 응할 수 있다. 사업의 흥망은 능력도 중요하지만 운運이 큰 몫을 한다. 때로는 생각지도 않은 큰 공사가 낙찰이 되는 날에는 공사비 전액이 다 남는 것으로 착각한다. 그 공사가 미처 끝나기도 전에 과분한 투자나 사업 외적인 곳으로 눈을 돌린다. 때를 놓치지 않으려는 조급한 마음에 과속페달을 밟다가 모두를 잃는 사람도 많다. 초반 페이스를 달리며 흘리는 땀방울과 갈증을 해소시키는 시원한 냉수 한 모금에 지나지 않는 것도 모르고 참 많이도 우쭐거렸다.

　욕심 없이 숲길을 달려서 반환점을 돌아올 때는 다소 여유로웠다. 멀리 바라다 보이는 잔잔한 다도해며, 산허리를 잘라서 만든 길 양쪽에 서 있는 편백나무 숲이 시원스럽다. 청춘을 만끽하며 힘차게 달리는 선수들과 잘 어울려 보인다. 가까운 길섶에는 아직도 못다 핀 삼색 병꽃나무의 향기와 하얗게 토해내는 밤꽃 향기로 산길이 진동을 한다. 오르막길이 힘겨운 만큼 내리막길은 쉽게 생각하고 뛰는 선수들이 대부분이다. 무릎 부상을 염려하면서 무리하게 뛰지 말라고 당부한다. 가이드의 고함 소리가 인생 선배의 불호령처럼 고맙게 들려왔다.

더디게라도 완주한 초로의 친구 셋은 비슷한 시간에 골인점을 통과하였다. 뿌듯한 마음으로 서로를 격려하였다. 완주 기념 메달을 목에 걸고 기쁨을 오래도록 간직하기 위하여 카메라에 몸을 맡겼다. 꼴찌가 되거나 무리한 페이스로 도중에 포기하는 걱정은 사라졌다. 진해의 생태숲 마라톤코스는 우리네 인생길과 너무도 흡사하다. 자원봉사자들이 제공하는 시원한 막걸리 한 잔으로 갈증을 해소하였다. 잠시 후, 휴대폰의 문자판이 흔들린다.

"강수찬 님 완주를 축하드립니다. 기록은 1시간 41분 17초 25"

참 좋은 세상이다. 역시 뛰어볼 만한 인생길이다.

해설

하길남

| 해설 |

발로 쓴 수필
— 강수찬 수필집 《낮은 곳에 물 고이듯》론

하 길 남
수필가, 문학평론가

1. 머리말

 발로 뛰며 수필을 쓰다보면 꽃도 만나고 나무도 만나고 종내 임도 만나게 되는 것이 아니겠는가. 그 임은 곧 화자에 있어서 문학작품이 된다. 그래서 화자의 수필은 자연스럽게 답사나 기행문이 주류를 이룬다. 이렇듯 자연을 접하고 숲속을 거닐게 되다보니, 수필에 풀꽃 향기가 싱싱하다. 우리는 학교에 다닐 때, 선생님으로부터 '글은 발로 뛰며 써야 한다.'는 말을 수없이 들어왔다. '현장의 생생한 목소리를 그대로 들려주어야 한다.'는 것이다.

그래서 글을 쓸 때는 이른바, 실감實感의 보수補修를 늘 주장해 왔다. 글은 머리로 짜내는 것이 아니라, '현장을 발로 뛴 살아 있는 감각'을 중시했던 것을 알 수 있다. 그렇게 볼 때, 화자의 수필은 이 현장에서 빚어진 바로 그 육성이 아닌가. 그것은 이 작품집에 수록된 49편의 작품 중에서 가을, 꽃, 나무, 숲, 단풍 등 계절을 포함하여 기행류가 무려 30여 편에 이른다는 것만 보아도 이 작가의 작품성향을 짐작할 수 있다 하겠다.

그리고 또 한 가지 특징은 시나 동시, 노래가사, 논어 등 인용이 무려 20편에 이른다는 것은 그만큼 작가가 공부를 많이 했다는 증거가 될 것이다. 또한 이 수필을 읽는 독자들을 배려한 듯 유머도 섞어 놓아 입맛을 당기게 하고 있다. 문학의 본령이라고 해도 좋을 비유 기법의 활용 등 수필의 문학성 고양에 신경을 쓴 흔적도 읽게 된다. 또 한 가지 특색을 든다면, 기행수필의 경우 등산을 하다가 어떤 나무를 만나게 되면 일반적인 경우는 그 나무 이름만 쓰고 지나가지만, 화자는 그 나무의 약리작용까지 밝혀놓고 있다. 특이한 일례라 해도 좋을 것이다.

유스트Just는 수필을 '서사적 기본형식을 연합한 산문형식'이라고 했다.

2. 해학諧謔의 논리

서양에서는 수필이라면 해학이 필수적으로 들어가기 마련이다. 그러나 우리의 경우 해학수필은 매우 드문 것이 사실이다. 왜 우리의 경우 해학수필이 발달되지 못했을까. 그 원인은 여러 가지 있을 것이다. 사실 우리의 경우 유교문화의 영향도 크지 않았을까 생각된다. 사나이가 웃음이 헤퍼서는 안 된다는 불문율이 한몫했을 것이다. 사나이가 울 일은 단 두 번뿐이다. 태어날 때, 그리고 부모가 돌아가셨을 때라고 말해왔던 것이니 말이다. 그만큼 우리는 감정을 자제해온 셈이다.

화자의 수필에서 굳이 이 해학 부분부터 먼저 거론하게 된 것은 독자를 위한 배려라고 해도 좋을 것이다. 우선 글은 독자들에게 읽혀져야 할 것이기 때문이다. 우리는 이 문제에 대해 앞으로 깊은 고려가 있어야 하리라 믿는다.

G. K. 체스터의 〈추모론追慕論〉과 같은 수필은 우리들에게 해학을 던져주고 있다. 바람 부는 날 모자가 바람에 날려가는 것을 쫓아가면서 사람들은 잠시 불쾌하게 생각하지만, 그러한 행위를 연인을 쫓아가는 것으로 생각한다면 오히려 신나는 일이 될 것이 아닌가. 모든 것은 마음먹기에 달렸다고 생

각하는 불교의 진리를 들먹이지 않더라도, 수필가는 이러한 생각을 공급해주는 전령사가 되어야 하는 것이다. 그것이 문학의 한 소명이다.

사실 화자는 어느 좌석에서든지 좌중을 잘 웃긴다. 그래서 늘 화제의 주인공이 되곤 하는 것이다. 화자는 늘 웃는 얼굴이다. 우리가 수필에서 잘 접하기 어려운 웃음의 미학을 접하게 되는 것이 다행이라는 생각까지 든다.

> "저놈의 종달새는 임대료도 안 내고 몇 개월 살았네예"
> ―〈광석골 연가〉에서

> "요새 새참 묵소?"
> 같은 말이라도 나이에 따라 다른 여운을 준다. 오십 대인 친구들이 느끼는 새참의 의미는 받아들이는 분위기에 따라 맛깔이 다르다. (…중략…) 더 늦기 전에 사랑의 대상을 찾았는가를 물어보는 말이다.
> ―〈꽃과 새참〉에서

'새참'이라는 말의 사전적 의미는 일을 하다가 잠시 쉬는 동안 먹는 식사를 말한다. 그러니 하루 세 끼 사이에 덤으로 한 끼 더 먹는 식사를 일컫는 말이 된다. 여기에는 물론 공적으로 인정된 상대자가 아닌 제3의 인물이라는 뜻도 포함되고 있음은 말할 나위도 없는 일이다.

이와 같은 우스개는 좀 천박하지 않느냐고 생각하는 사람이 있을지 모르지만, 그 말을 굴리는 솜씨가 묘하다. 그래서 전혀 거부감이 느껴지지 않는다. 그만한 농담은 약방의 감초 격이 될 것이다. 재치가 있다. 여기까지 혀를 댄다면 사실상 농담은 성립되기 힘들 것이기 때문이다.

"쑤-욱 넣은 떡은 한 되에 이만 원이고 쏙- 뺀 떡은 한 되에 만오천 원이다." 명절날 떡값 타령이 듣는 사람의 느낌에 따라 뉘앙스가 사뭇 다르다. 모두들 한바탕 웃으면서 떡값에 비유되는 그 맛을 음미해 본다. (…중략…) 귀성길 선물 꾸러미와 교통비를 떡값이라는 명목으로 회사가 만든 봉투 하나가 고작이었다. (…중략…) 어느 과수댁의 떡값을 떼먹었다는 난봉꾼의 아랫도리처럼 추억을 넣고 버무린 떡 맛은 삶의 맛과 더불어 이제 한층 더 구수해지리라.

— 〈떡값〉에서

여기서 굳이 가래떡을 연상하지 않아도 '떡값' 이라는 용어

속에서 우리는 이런저런 의미들을 유추해 보게 된다. 그래서 찰떡궁합이란 말도 구사되지 않았나 생각된다. 착 달라붙는다는 의미를 상징화한 것이다. '떡줄 놈은 생각지도 않는데 김치 국물부터 마신다.'는 말도 한 술 더 떠서 생각해 보면 묘한 상징성을 읽게 된다 하겠다. 그래서 쑥떡은 둘이서 쑥떡쑥떡 무슨 꿍꿍이속을 헤아리고 있는지 모를 일이 아닌가.

이와 같은 의미를 유추해 보게 하는 것으로 작품 〈선상수업〉의 일부를 인용해보면 다음과 같다.

> "이럴 때 천장에서 커다란 물건이라도 하나 툭 떨어지면 얼매나 좋겠노?"
>
> 듣고 있던 시어머니가 한참을 생각하더니,
>
> "쎄(혀) 빠질 년 두 개 떨어지모 우떤(어떤) 년이 잡아 묵나!"
>
> 누군가 거친 Y담을 하고 나면 모두들 한동안 신나게 웃는다. 나이가 들어 양기가 입으로 올라오는 모양이다.
>
> ―〈선상 수업〉에서

> "작년에도 오좀(오줌)을 눙께내(누니까) 시시세세하더니 올해는 오줌을 눙께내 오졸촐촐하더라. 아리랑아리랑 쓰리쓰리

랑 아라리가 났네."

— 〈전등에 비친 전기인의 꿈〉에서

'며느리밑씻개'는 깜찍하고 작은 꽃들이 무리지어 피어 있다. '며느리배꼽'은 깜장 열매가 잎 끝에 달려 있다.

— 〈스승과 함께 걷는 길〉에서

한국적 유머랄까, 우리의 고유 유머책인 《고금소총古今笑叢》을 보면 모두 이와 같이 성에 얽힌 이야기뿐인 것을 확인하게 된다. 그만큼 우리 백성들은 유머에 굶주려 왔는지 모를 일이다. 마당극들은 모두 억압에 대한 풍자가 아니었던가. 우리나라 정치인들이 외국 정치인들에 비해 유머에 대한 감각이 드물다는 현실은 이와 같은 한국적 현실을 반영해주는 증좌라 하겠다. 그러나 지금은 이러한 경향들이 차츰 해소되어 가는 조짐이 보이고 있는 것도 사실이 아닌가. 그래야 우리도 좀 부드러운 세상에 살게 될 것이다. 그것이 또한 우리들이 가야 할 길이라는 확신을 해보게 되는 것이다.

3. 문학의 본령, 비유의 논리

말할 것도 없이 비유는 문학의 본령이라 해도 좋을 것이다. 문학의 언어 자체가 비유를 동반한다 해도 과언이 아닌 것이다.

> 푸른 하늘 은하수/ 하연 쪽배엔/ 계수나무 한 나무/ 토끼 한 마리…

> 울 밑에 선 봉선화야/ 네 모양이 처량하다./ 길고 긴 날 여름철에…

등을 보면 모두 비유로 되어 있는 것을 볼 수 있다. 은하수가 흘러가는 것을 하나의 쪽배로, 달 속에 비친 그림자를 계수나무 절구에 토끼 한 마리가 방아를 찧고 있는 모습으로 본 것 등은 모두 비유인 것이다. 또 봉선화를 일제의 압제 속에서 신음하는 한민족의 설움으로 비유한 것 등은 우리가 너무 잘 알고 있는 기법이 아닌가. 이처럼 비유는 우리 한민족의 맥박 속에 자리 잡은 문학의 맥박이요, 호흡이었던 것이다.

까마귀는 높게 날려고 하는 상류계급과 같은 습성이 있다. 덩치가 큰 만큼 먹어도 많이 먹어야 하기 때문에 보는 시야도 넓어야 한다. 까마귀 떼가 앉았던 자리에는 바닥이 하얗도록 배설물을 쏟아낸다. ― (1)

　　중산층에 속하는 까치는 까마귀보다 낮은 상공을 무리 지어 날아다닌다. 간간이 그들만의 표현으로 지저귀는 낮은 소리는 가까이 가야만 들을 수 있다. 까치는 간간이 사고도 낸다. ― (2)

　　참새들은 언제나 떼를 지어 날아다닌다. 탱자나무 울타리나 대숲 사이로 몸을 숨기면서 한없이 조잘거린다. ― (3)

　　왜가리 한 마리가 어디서 짝을 잃고 날아왔는지 참새들의 무리와 대조가 되어 외로워 보인다. ― (4)

　　난간 쇠파이프 위에 비둘기 한 쌍이 앉아 있다. 한낮인데도 남의 시선은 아랑곳하지 않고 머리를 부비면서 깊은 사랑에 빠졌다가 아무 일도 없었다는 듯 창공을 날아갔다. ― (5)

― 〈광석골 연가〉에서

　화자는 이 수필에서 위 인용과 같이 까마귀와 까치, 참새, 비둘기 등을 예를 들면서, '세상은 요지경'이라고 술회하고 있다. 말미에서는,

'잘난 사람 잘난 대로 살고 못난 사람 못난 대로 산-다.'

고 하면서 인생을 조류들의 특성에 비유하면서 수필을 쓰고 있는 것을 보게 된다. 읽는 이의 뇌리에 설명보다 더 깊이 각인될 뿐 아니라, 문학성을 획득하는 데 효과적이라는 것을 실감하게 되는 것이다. 작자의 창작적 기교 또한 독자는 쉽게 읽게 되는 셈이다. 이 외 여러 비유들을 열거해 보면 다음과 같다.

 뿌리는 땅속 깊숙이 뻗어내려 오래도록 숙성하기를 기다려야만 약효가 있다. 가끔 덜 야물어진 열매나 뿌리를 조급하게 수확하면 떫거나 효험이 없기 마련이다. 문학이나 음악과 같은 예술의 세계도 첨삭하고 다듬어서 오래 담금질을 할수록 좋은 작품이 나온다. ─ (1)
― 〈꽃밭에서〉에서

 자연 속에서의 나무들처럼 토양에 있는 영양소 중에 자기가 필요한 만큼 챙기면서 다른 나무들에게는 영향을 주지 않는 삶이라면 그런대로 행복할 것 같다. ─ (2)
― 〈어느 木요일〉에서

장독이나 김칫독 등은 무거워서 이동 중에 잘못하면 금이 가기도 한다. 아까워 버리지는 못하고 철사로 동여매어 다시 사용한다. (…중략…) 그릇보다 많은 것을 담으려면 넘치게 마련이다. 자기의 능력과 분수에 맞게 살아가라는 단순한 가르침에서 얻은 테메운 독은 과연 언제까지 사용할 수 있을까?
— ⑶

— 〈테메운 장독〉에서

⑴은 조급한 심성, 빨리 성공하고 싶다는 요즘 젊은이들의 마음가짐, 그러한 한국적 경쟁 심리를 경계한 말이요, ⑵는 끝없는 인간의 욕심을, ⑶은 인간은 자기 분수를 알고 살라는 교훈을 비유한 것임은 더 설명할 필요가 없는 일이다.

4. 배려의 윤리

여느 수필가들은 등산을 가거나, 길을 걸으면서 어떤 나무나, 산림을 만나게 되면 무슨 나무라고 귀띔만 할 뿐 굳이 그 나무의 속성이나 약리작용 등에 대한 언급은 없었던 것이 상례였다. 그러나 화자는 그 나무의 특성은 물론 약리작용까지 소상하게 기록하고 있는 것을 보게 된다. 그렇게 하려면 적어도 그 나무에 대해 일일이 공부를 해야 할 것이다. 이렇듯 독자에 대한 배려나 학구적 의식은 글 쓰는 이에 있어서는 기분적인 자세가 될 것이다.

사실 우리는 흔히 수필을 읽으면서 처음 접해보는 외래어나, 일상에서 잘 쓰지 않는 잠자는 언어 등을 동원하여 읽는 이가 사전을 펼쳐보거나, 컴퓨터로 일일이 검색해 보아야 알게 되는 말들 때문에 곤혹스러울 때가 없잖다.

이럴 때, 배려의 입김이야말로 얼마나 훈훈한지 모를 일이다. 그것이 우리가 살아가면서 배워야 할 덕목 중의 덕목이 아닐까 생각해 보게 된다. 우리에게 가장 부족한 점이 있다면 이와 같은 배려의 윤리일 것이다. 이것이 바로 교양인의 양식이기 때문이다. 인간관계 그 덕목의 첫째 조건이 되는 까닭이다.

골짝마다 분포되어 있는 생강나무는 엄동설한에도 가지를 꺾어 씹으면 생강 맛이 난다. 꽃이 진 후에 나오는 어린잎이 참새 혓바닥만큼 자랐을 때 말렸다가 차로 마시기도 하는데, 참새 혓바닥같이 생겼다고 해서 작설雀舌차라고도 한다. 또한 잎을 말려 나물로 먹기도 한다. 생강나무는 타박상이나 어혈,

멍들고 삔 데 신통한 효력이 있다고 한다. 예사롭게 생각한 풀과 나무들이 사시사철 인간에게 보은을 하면서 살아간다.

— 〈네 살배기와 같이 걷는 길〉에서

산행을 하면서 쉬나무 군락지에서 잠시 발길을 멈추었다. 일명 벌꿀나무다. 굵은 가지에는 깃 모양의 타원형 잔잎이 달렸다. 잎 가장자리에는 잔톱니가 있다. 작은 흰색 꽃이 피며 열매는 붉은색이다. 타원형 씨앗을 짜서 등잔불이나 머릿기름과 해충 구제약으로 사용된다. 근처에는 꿀벌이 많이 있어 쏘이는 일이 없도록 조심하며 걷는다.

— 〈봉침〉에서

마타리는 꽃차례가 독특하다. 아래에 달린 꽃자루는 길고 위쪽으로 갈수록 점점 작아져 맨 꼭대기에서는 그 끝에 매달린 작은 꽃이 일직선을 이루고 있다. 찬 서리가 내릴 때까지 아침저녁으로 꽃은 피고 지지만 뿌리에서는 고약한 된장 썩는 냄새가 난다. 한방에서는 '패장' 이라고 해서 약용으로 쓰인다.

— 〈소나기 산행〉에서

평탄한 길섶에서 자세히 관찰해 보니 번식하는 넝쿨이 여러 종류다. 잎과 줄기에서 닭의 오줌냄새가 난다고 이름이 붙여진 계뇨등鷄尿藤이라는 풀꽃이 있다. 작고 하얀 등꽃처럼 생긴 계뇨등은 갖가지 독을 풀고 염증을 삭이며 혈액순환을 잘 되게 한다. 습기를 없애는 효능도 있다고 한다.

— 〈진해와 꽃〉에서

일명 씀바귀라 부르는 촌스러운 이름의 왕고들빼기는 시골 들판 논두렁 어디든지 흔하게 널려 있다. 노란색의 꽃이 피며 잎이나 줄기를 잘라보면 쓴맛이 강한 흰 즙이 흘러 나온다. 항암, 항스트레스, 항알레르기, 노화방지에도 신통한 효험이 있는 만병통치 약초다.

— 〈꽃밭에서〉에서

5. 수필과 시의 융화

화자의 수필에는 시가 인용된 것이 많았다. 총 49편 가운데서 시나 동화 등이 인용된 것이 무려 19편이었다. 거의 반수에 가까운 숫자가 아닌가. 지금은 통섭이다 융화다 실험이다 해서 이런 현상들이 두드러지고 있지만, 이렇게 많은 작품에서 시가 인용되고 있는 사례는 없었다. 평자도 수필에서 자주 시를 인용하는 편이지만, 이렇듯 많은 인용은 예외로 여겨진다.

물론 지금은 시수필, 동수필 등 장르 융합이 활발하게 이루어지고 있는 것이 보편화되고 있는 시대이다. 그러나 본질적인 문제는 화자가 남달리 시를 좋아하고 있는 증거로 여겨진다. 말하자면 화자는 다분히 시적 성향 즉 그런 기질, 그런 예지를 갖고 있기 때문이라 하겠다.

여기서 그 실례를 들어보면 다음과 같다.

장석주 시 〈대추 한 알〉, 박남준 시 〈화살나무〉, 김춘수 시 〈꽃〉, 김달진 시 〈열무꽃〉, 이상규 시 〈느낌표처럼〉, 이우걸 시 〈흉터〉, 천상병 시 〈귀천〉, 유치환 시 〈행복〉, 목진숙 시 〈꽃샘바람〉, 김일태 시 〈시루봉〉 외 동화, 동시, 〈바다가 육지라면〉과 같은 유행가는 물론, 〈황포돛대〉 등 노래비까지 인용하고 있는 것을 보게 된다. 물론 역학易學의 한 구절이나, 법정스님 잠언집도 인용하고 있다. 이렇게 볼 때 화자는 글을 쓰기 위해 많은 자료를 보고 공부한 것을 짐작하게 한다.

6. 새로운 해석과 깨달음

인간은 누구나 나름대로 사회관이나 인생관을 갖게 마련이다. 이것을 문학에서 자기 나름의 해석 즉 자기 목소리라고 한다. 하이데거는 이러한 존재이해를 위해 실존實存이라는 개념을 정립했다. 말하자면 존재이해를 위한 현존재를 말한다. 그래서 수필에서는 자기 나름의 해석이라는 말을 즐겨 사용한다. 그것은 곧 깨달음에 이르는 길인 것이다. 수필에서 작은 깨달음이라는 것은 결국 이와 같은 경로들을 말한다. 화자에 있어서 이러한 도식을 응용해 본다면 다음과 같은 구절들이 될 것이다.

> 벌에 쏘인 부위가 따갑고 얼떨떨한데 일행들 중에 친구가 웃으면서 한 마디 건넨다. '벌에 많이 쏘이면 죽을 수도 있지만 두 방이라서 봉침 맞은 요량해라'고.
> ―〈봉침〉에서

> 강물처럼 흘러가는 멀고 긴 인생길에서 이번 여행은 배움의 길이었다. 즐거웠지만 아쉬움도 많았던 이번 여행에서 눈요기와 함께 다양한 삶의 교훈도 얻은 셈이다. 역사의 뒤안길

에서 서두르지 말고 흐르는 강물처럼 살자고.

— 〈멀고 긴 여행〉에서

사회생활을 하다보면 신변에 문제를 일으킬 수 있는 요인은 대부분 가까이에서 일어난다. 숲만 바라보며 스쳐 지나가면 원경이 아름답게 보일지 몰라도 나무 한 그루마다 병충해와 같은 아픔이 있게 마련이다.

— 〈봉침〉에서

빈집, 그것은 우리들이 지나온 삶의 한 흉터가 아닌가. 흔적의 뒤안길에서 나는 오늘도 희망찬 시간의 발자국을 그려 넣고 있다.

— 〈빈집〉에서

누구에게라도 삶의 무게는 비슷한 것이다. 올해는 목련꽃을 피우지 못한 아쉬움 때문인지 나뭇잎이 여느 해보다 더 무성하게 주위를 감싸고 있다. 올겨울 싸늘한 아스팔트에 무성했던 그 낙엽이 구르는 소리는 얼마나 더 크게 들릴까.

— 〈철을 잊은 목련〉에서

7. 마무리

 이 외에도 〈그때 그 시절의 마산〉이나 〈돌담회 단상〉 등에서는 배를 곯던 가난한 시절의 이야기나, 무모할 만큼 매사에 겁 없이 도전했던 이야기, 〈꽃밭에서〉 등은 읽는 이로 하여금 숙연한 마음까지 들게 한다. 항시 만면에 웃음을 띄우면서 성큼성큼 다가오는 화자의 걸음걸이가 황소걸음처럼 언제나 믿음직스럽다.
 화자의 수필집도 독자들에게 그러한 믿음직스러운 인상을 줄 것으로 기대해 본다. 발로 쓴 수필, 그 현장의 속삭임에 넉넉히 웃어주었으면 하고 기대해 보게 된다. 유머수필의 새 장을 장식할 날을 기대해 보면서 이 글을 맺는다.

강수찬 수필집
낮은 곳에 물 고이듯

펴낸날 2011년 6월 25일

지은이 강수찬
펴낸이 오하룡

펴낸곳 도서출판 경남
주 소 창원시 마산합포구 남성로 42
연락처 (055)245-8818~9 / 223-4343(f)
홈페이지 www.gnbook.com
전자메일 gnbook@empal.com
출판등록 제2호(1985. 5. 6.)
편집팀 오태민 | 심경애 | 구도희

ISBN 978-89-7675-695-4-03810

*잘못된 책은 바꿔 드립니다.
*저자와 협의 인지 생략합니다.

[값 10,000원]